Psychologie de l'attachement et de la filiation dans l'adoption

PSYCHO SUP

Psychologie de l'attachement et de la filiation dans l'adoption

Sous la direction de
Aubeline Vinay

DUNOD

Dunod Editeur, 11 rue Paul Bert 92240 Malakoff
ISBN 978-2-10-055816-2

LISTE DES AUTEURS

Ouvrage sous la direction de :

Aubeline VINAY — Psychologue, docteur en psychologie, maître de conférences en psychologie clinique et psychopathologie, Laboratoire de psychopathologie et de psychologie médicale (LPPM), université de Bourgogne, Dijon.

Avec la collaboration de :

Hervé BÉNONY — Professeur des Universités en psychologie clinique et psychopathologie, directeur du Laboratoire de psychopathologie et de psychologie médicale (LPPM), université de Bourgogne, Dijon.

Festus BODY LAWSON — Médecin des Hôpitaux, praticien hospitalier, pédopsychiatre, Pôle de psychiatrie de l'Enfant et de l'Adolescent, Hôpital d'enfants de Nancy-Brabois.

Jacques CHOMILIER — Vice-président du Mouvement pour l'Adoption Sans Frontières (MASF).

Denise FICHCOTT — Professeur de mathématiques à la retraite.

Claire GORE — Docteur en psychologie, psychologue service placement familial, Val-de-Marne.

Nazir HAMAD — Psychanalyste, Paris.

Françoise MAURY — Docteur en psychologie clinique et psychopathologie, psychologue clinicienne, Maison de la justice et du droit, Ermont (95).

Jean-Vital DE MONLÉON — Pédiatre, responsable de la Consultation Adoption Outremer du CHU de Dijon, anthropologue, écrivain, membre du Conseil supérieur de l'adoption.

Ombline OZOUX-TEFFAINE — Docteur en psychologie, université Paris 10, psychanalyste SPP, thérapeute familial psychanalytique SFTFP.

Blaise PIERREHUMBERT — Docteur en psychologie, Privat-Docent, Service universitaire de psychiatrie de l'enfant et de l'adolescent, Lausanne.

Julien PIERRON — Médecin généraliste, Dijon.

Ouriel ROSENBLUM — Professeur des Universités, Laboratoire de psychopathologie et de psychologie médicale, université de Bourgogne, Dijon.

SOMMAIRE

TROISIÈME PARTIE – ... À SA RÉALITÉ PSYCHIQUE

AVANT-PROPOS[1]

« C'est drôle, mais il vous ressemble ! » Régulièrement, les familles adoptives entendent cette petite phrase. Elle peut agacer ou faire plaisir, mais surtout elle semble incongrue pour les parents *gaulois* d'un petit Colombien, Vietnamien ou Haïtien. Et s'il y avait du vrai dans une telle affirmation ?

Depuis une cinquantaine d'années, avec la découverte de l'ADN et de son mode de transmission d'une génération à l'autre, la médecine, et plus particulièrement la pédiatrie obéissent à la loi du tout-génétique. On est tel que l'on est car on a hérité de la moitié du patrimoine maternel, et tout autant du patrimoine paternel : c'est donc pour cette raison que chaque enfant ressemble à ses deux parents, et qu'il a pu hériter de leurs atouts ou de leurs tares. Il semble alors évident qu'un enfant adopté à des milliers de kilomètres de son nouveau pays, dans une ethnie bien différente de celle de ses parents adoptifs, ne peut en rien leur ressembler.

Rappelons quelques notions de génétique identitaire. Dans le noyau de chacune de ses cellules, chaque être humain possède 30 000 gènes ; cela semble beaucoup mais, restons humbles, pour faire un grain de riz il en faut le double ! Ces gènes vont nous permettre de synthétiser telle et telle protéine, et d'appartenir à l'espèce humaine, puisque 99,9 % de ce patrimoine est commun à

1. Par Jean-Vital de Monléon.

toute l'humanité. La diversité d'un individu à l'autre n'est causée que par un millième de notre patrimoine génétique !

La différence d'une ethnie à l'autre, quant à elle, joue sur à peu près 10 % de ce qui peut varier dans l'espèce. C'est donc seulement un dix millième de notre génome qui fait que l'on apparaît comme plutôt Africain, plutôt Amérindien, plutôt Européen du Nord, ou Asiatique de l'Est. Cela nous apparaît cependant bien plus important sur un aspect qualitatif, subjectif, puisque cela porte sur des différences qui vont nous sauter aux yeux : la couleur de la peau, la forme des yeux, la hauteur des pommettes, etc. Et parce que cela nous fait oublier toutes nos ressemblances. Ainsi, si l'on compare l'aspect physique de deux Européens *standards*, avec deux habitants de l'Afrique subsaharienne, nos habitudes feront que nous aurons envie de classer les deux Européens d'un côté et les deux Africains de l'autre. Pourtant, un des Européens est brun, avec des yeux marron, et a même le rythme dans la peau (cette dernière connotation étant particulièrement raciste) : par ces trois caractéristiques, il est donc bien plus proche des Africains que de son voisin européen. Pourtant, ce sont d'autres marqueurs que nous retenons, et en tout premier lieu la couleur de la peau.

Ces lois de la génétique, qui nous semblaient immuables, sont en train de prendre depuis quelques années un virage agréable. Ceci grâce à l'éclosion d'une nouvelle science passionnante : l'épigénétique, qui montre que l'environnement peut avoir une influence sur notre patrimoine héréditaire ! L'ADN n'est plus le sanctuaire inviolable qui nous donne notre morphologie, nos caractéristiques et que l'on ne peut modifier, en dehors d'événements exceptionnels (irradiation par exemple). En effet, il semble que certains gènes peuvent varier et s'exprimer différemment en fonction de l'environnement. C'est évident dans d'autres espèces : chez les fourmis, en fonction des besoins de la colonie et en faisant varier les soins ou l'alimentation, les fourmis *puéricultrices* qui s'occupent des œufs (tous identiques à l'origine) vont créer au choix des reines et des rois (pour le renouvellement de la société), des ouvrières (pour assurer l'approvisionnement en nourriture, et beaucoup de boulot), ou des soldats (si des dangers menacent).

Et bien chez l'homme, c'est sans doute parfois la même chose. Cette hypothèse n'est peut-être pas si folle. En fonction de notre entourage, nous exprimons involontairement certains de nos gènes et en réprimons d'autres, afin qu'ils restent muets. Il est fort possible, lorsqu'un enfant est stressé, maltraité, dans un environnement peu rassurant (comme c'est le cas de certains enfants avant d'être adoptés…) qu'il se mette à développer en priorité des gènes de « survivant », qui lui permettent de résister à ce milieu hostile (la résilience), alors que dans un environnement plus rassurant, ces gènes de survie seraient restés en sommeil ! Cela pourrait expliquer pourquoi il y a plus d'hyperactivité chez les enfants adoptés.

Quand il arrive dans sa famille adoptive, le petit adopté développe, sans toujours s'en rendre compte, un certain mimétisme avec ses parents : en copiant leurs expressions, en adoptant leurs goûts, leurs habitudes culinaires, éducatives… il ne peut pas changer la couleur de ses yeux ou de ses cheveux, mais arrive à modifier sa façon de sourire, de se comporter, et peut-être d'autres choses…

Tant et si bien qu'il finira par ressembler à ses parents !

S'agit-il de simple gymnastique musculaire (sourire, moue, mimique) ou intellectuelle (comportement), ou cela est-il marqué dans un bout de chromosome que l'on met au travail, et un autre que l'on *endort* ?

Cette hypothèse, pour être un peu folle, ouvre quelques perspectives. Elle nous montre surtout combien nous avons de choses à découvrir sur l'homme, et plus encore sur l'enfant adopté. Depuis une trentaine d'années, l'adoption, et plus particulièrement l'adoption internationale, sont devenues un phénomène de société. Et si tout le monde a son idée bien précise sur l'adoption, bien peu connaissent finalement cet événement, ce qui se traduit souvent par des généralisations. Ces généralisations, et les maladresses qui en résultent, sont exprimées souvent sans pudeur par l'homme de la rue, qui va évoquer tour à tour devant le petit adopté : « ses vrais parents », « son pays », « le rythme dans la peau » et autres « déracinements ». C'est encore plus grave quand de tels propos sont repris par des professionnels de l'enfance, et que s'y rajoutent des considérations scientifiques ou annoncées comme telles, où chacun veut voir dans les enfants adoptés le résultat de ses propres études, de ses propres recherches, en expliquant tous les troubles en rapport avec l'adoption par sa propre spécialité. Ainsi, on a cru que la cause de tous les soucis des adolescents adoptés provenait de leur quête des origines, puis des troubles de l'attachement, avant d'évoquer les conséquences de l'alcoolisme fœtal…

Nous devons rester vigilants et prudents. Même si l'adoption est la source principale de notre activité et de nos recherches, il faut rester humble devant elle, et plus encore rester respectueux des enfants, des familles qui l'ont vécue et qui la vivent. Une de ces formes de respect est de toujours chercher à en savoir plus, de ne pas se contenter de nos acquis. S'isoler dans sa tour d'ivoire est dangereux, on ne progresse qu'en partageant ses connaissances. C'est pourquoi nous devons nous féliciter de l'initiative d'Aubeline Vinay d'organiser des journées de rencontre et l'édition de ce livre, qui nous permettra de mieux connaître, comparer, et encore progresser grâce à ce savoir partagé.

Bonne lecture.

Bonnes réflexions.

INTRODUCTION L'ADOPTION PENSÉE ET RÉFLÉCHIE DANS SON CONTEXTE ACTUEL[1]

La question de l'adoption est aujourd'hui d'actualité. Non seulement les lois progressent en la matière, avec de nombreuses études et rapports permettant la réflexion à ce sujet (rapport Colombani, 2008), mais aussi les situations de détresse d'enfants interpellent l'opinion et provoquent des mouvements d'adoption (par exemple les suites du tremblement de terre à Haïti en 2010). Ne nous leurrons pas non plus sur l'effet *people* de l'adoption où cette nouvelle forme de parentalité court le risque de devenir un faire-valoir participatif à la marche de l'humanité. Toutefois, au-delà de ces situations qui suscitent toujours un élan émotionnel, il nous semble important de prendre le temps de la réflexion autour de ces nouveaux parents inscrits dans un désir d'enfant qui correspond aux progrès scientifiques actuels en matière de fécondation, de ces nouveaux enfants issus d'un contexte particulier et de la nouvelle parentalité qui en découle, dans laquelle la filiation repose sur des notions juridiques, sociales et psychologiques mettant de côté le biologique et le tout-génétique vers lesquels certains souhaitent pourtant s'orienter.

1. Par Aubeline Vinay.

C'est à partir des journées scientifiques intitulées « Adoption : un état de la question », des 20 et 21 novembre 2009 à l'université de Bourgogne à Dijon, organisées par le Laboratoire de psychopathologie et de psychologie médicale (LPPM), réunissant de nombreux spécialistes de l'adoption, des professionnels de l'enfance, des familles adoptives et d'anciens adoptés, que cet ouvrage a pris naissance. Il témoigne de la nécessité de prendre le temps de la réflexion scientifique autour du thème de l'adoption, de proposer une lecture approfondie des processus fondamentaux de celle-ci : l'attachement et la filiation.

L'adoption est une pratique de recueil et d'éducation de l'enfant au sein d'une famille, de sa famille, et ceci dans une perspective définitive. Au cours des siècles et des différentes périodes de l'histoire, le recueil d'enfant a évolué au gré des représentations à propos de l'amour et de l'instinct maternel, des fonctions familiales, de la place et des capacités de l'enfant et de ses droits. Le 20 novembre 2009, date symbolique, était fêté le vingtième anniversaire de la convention relative aux Droits de l'enfant. Son objectif est de donner à chaque enfant un avenir meilleur avec, entre autres priorités, la protection des enfants contre toute forme de violence, d'exploitation, de trafic et promouvoir leurs droits à tous les âges de la vie. La convention des Droits de l'enfant fait mention du rôle de la famille en tant qu'unité fondamentale de la société et milieu naturel pour la croissance et le bien-être de tous ses membres, et en particulier des enfants. Celle-ci doit recevoir la protection et l'assistance dont elle a besoin pour pouvoir jouer pleinement son rôle dans la communauté. La convention des Droits de l'enfant reconnaît que ce dernier, pour l'épanouissement harmonieux de sa personnalité, doit grandir dans le milieu familial, dans un climat de bonheur, d'amour et de compréhension.

L'article 21 de la convention des Droits de l'enfant légifère relativement à la question de l'adoption où, je cite :

> [les] États parties qui admettent et/ou autorisent l'adoption s'assurent que l'intérêt supérieur de l'enfant est la considération primordiale en la matière, et :

a) veillent à ce que l'adoption d'un enfant ne soit autorisée que par les autorités compétentes, qui vérifient, conformément à la loi et aux procédures applicables et sur la base de tous les renseignements fiables relatifs au cas considéré, que l'adoption peut avoir lieu eu égard à la situation de l'enfant par rapport à ses père et mère, parents et représentants légaux et que, le cas échéant, les personnes intéressées ont donné leur consentement à l'adoption en connaissance de cause, après s'être entourées des avis nécessaires ;

b) reconnaissent que l'adoption à l'étranger peut être envisagée comme un autre moyen d'assurer les soins nécessaires à l'enfant, si celui-ci ne peut, dans son pays d'origine, être placé dans une famille nourricière ou adoptive ou être convenablement élevé ;

c) veillent, en cas d'adoption à l'étranger, à ce que l'enfant ait le bénéfice de garanties et de normes équivalant à celles existant en cas d'adoption nationale ;

d) prennent toutes les mesures appropriées pour veiller à ce que, en cas d'adoption à l'étranger, le placement de l'enfant ne se traduise pas par un profit matériel indu pour les personnes qui en sont responsables.

Cet extrait de la convention des Droits de l'enfant nous rappelle à quel point l'enfant privé de famille est vulnérable, à quel point ses défenses sont mises à mal en situation de précarité, de répression ou d'isolement.

En matière d'adoption, il nous semble nécessaire de rester conscient et vigilant face aux dérives existantes. L'enfant peut, en effet, devenir un objet rentable dans certaines circonstances, objet mercantile victime de trafic, mais aussi, et dans ce sens cela est plus subtil, objet de satisfaction au détriment de ses besoins propres lorsque des glissements s'opèrent des droits de l'enfant aux droits à l'enfant, et ceci particulièrement dans les sociétés occidentales.

Grâce à la qualité réflexive, scientifique, dynamique et humaine des auteurs contribuant à cet ouvrage, nous réaliserons, dans un premier chapitre, un état des connaissances actuelles relatives à l'adoption. Ainsi, le texte du docteur Julien Pierron viendra faire le point sur les notions de lien et de séparation à partir de la comparaison entre les différentes formes de sociétés, traditionnelles ou modernes. Nous verrons les questions posées par l'adoption nationale au plan éthique grâce à Claire Gore, psychologue. Jacques Chomilier nous propose un tour d'Europe des études réalisées auprès d'enfants adoptés et leurs résultats. Enfin, Denise Fichcott nous apporte des connaissances actuelles concernant la scolarité des enfants adoptés.

Le second chapitre de cet ouvrage se veut l'écho de ce qui fonde la démarche adoptive de la part de couples ou de célibataires : le désir d'enfant. Ainsi, Blaise Pierrehumbert, Privat-Docent, nous rappelle les fondements de l'attachement et de la parentalité. Le texte du professeur Ouriel Rosenblum vient interroger cette notion de désir lorsqu'il rime avec l'au-delà des possibles. La psychologue et psychanalyste Ombline Ozoux-Teffaine amorce par sa réflexion le nécessaire questionnement du passage, délicat, entre le désir d'enfant et sa réalité lorsque ce dernier est un enfant adopté. Dans son texte, Nazir Hamad, psychanalyste, reprend cette notion de désir d'enfant lorsqu'elle contribue au sentiment de filiation nécessaire à tout enfant adoptif pour pouvoir s'attacher.

Le troisième chapitre prend le temps de parler de l'enfant adopté, ou adoptif, selon les propos de Nazir Hamad, dans sa réalité. Il s'agit donc ici de mieux cerner les conflits psychiques posés par la transculturalité dans l'adoption internationale. Festus Body Lawson, pédopsychiatre, expose ces conflits à surmonter pour l'enfant et l'adolescent adopté ; conflits qui participent au sentiment d'identité personnelle. Avec Françoise Maury, psychologue, nous comprenons comment la gestion des origines de l'enfant dans les familles adoptives vient bousculer les représentations de chacun, vient aménager les désirs d'enfant initiaux des parents adoptifs. Enfin, nous questionnons avec Aubeline Vinay, maître de conférences en psychologie, ces familles adoptives dans leurs capacités de transmission intergénérationnelle de l'attachement.

Tout en conservant son aspect de rencontre humaine unique et forte d'une richesse inégalable, nous ne pouvons résumer l'adoption aux clichés véhiculés par les médias, aux émotions évidentes qu'elle comporte ou encore aux situations dramatiques qui existent mais demeurent minoritaires. Cet ouvrage se veut ouvert et favorisant la réflexion, le partage et la co-construction des connaissances autour de l'attachement et de la filiation dans l'adoption.

Première partie

CONNAISSANCES ACTUELLES DE L'ADOPTION

1 ADOPTION ET SÉPARATION D'ENFANTS : DIVERSES APPROCHES ANTHROPOLOGIQUES[1]

1 Tout le monde a son idée sur l'adoption

De nombreux récits historiques, mythes et légendes existent à propos de l'adoption : de Moïse à Œdipe, de Superman à Harry Potter, de Romulus et Remus à Ben-Hur, pléthore de héros – fictifs ou réels – sont au cœur d'une adoption. Qu'elle soit simple ou plénière, l'adoption a traversé le temps et les cultures, au sein d'une même famille, d'une même ethnie, voire de familles et d'ethnies différentes. L'adoption a vu ses modalités évoluer au cours des siècles, et l'essor récent de l'adoption internationale en fait un mode de filiation à part entière. Plus qu'une simple mode, il s'agit bien d'un véritable phénomène de société.

S'agissant de naissance de nouveaux foyers ou d'agrandissement de foyers préexistants, l'adoption est toujours d'actualité : nous en avons tous entendu parler, nous avons tous déjà rencontré des enfants adoptés, et chacun a son idée sur la question de l'adoption. Chaque médecin généraliste a des enfants adoptés venus d'ailleurs dans sa patientèle. Toutefois, l'adoption internationale demeure un phénomène encore mal connu dans notre société.

1. Par Julien Pierron.

Des spécialistes comme le Dr de Monléon proposent une prise en charge globale des enfants adoptés (à la fois médicale, sociale et anthropologique) lors de consultations spécialisées. Le docteur de Monléon (mon cher directeur de thèse) a créé la Consultation Adoption Outremer (CAO) en juin 1999 au Centre hospitalier universitaire (CHU) de Dijon. Le terme d'« Outremer » a été choisi pour deux raisons :

– la CAO est destinée aux enfants étrangers au départ, le terme d'« Outremer » ayant moins de connotations péjoratives que le terme d'« étranger » ;

– pour ne pas oublier les enfants des DOM-TOM (par rapport à l'appellation « internationale »).

Elle est la deuxième créée en France chronologiquement (après celle du docteur Choulot à Pau) et la première en Europe en nombre d'enfants vus chaque année. La CAO ne s'attache pas uniquement à l'aspect médical mais s'intéresse à tous les aspects de l'adoption, notamment culturels. C'est ce qui explique son succès par rapport aux autres consultations adoption existantes.

Dans l'optique d'une approche socioculturelle de l'adoption, nous allons aborder le concept d'adoption et de séparation d'enfants dans certaines sociétés traditionnelles (chez les Inuits, en Afrique subsaharienne, en Polynésie) et dans certaines sociétés modernes (dans les pays de droit coranique, en Amérique latine, en Asie).

2 Adoption et séparation d'enfants dans certaines sociétés traditionnelles

2.1 Chez les Inuits : abandon d'enfants et survie du clan

2.1.1 Exposition et infanticide

Les Inuits, plus connus en Europe sous le nom d'Eskimos, vivent dans des conditions particulièrement difficiles au nord du Canada : le climat est froid, l'agriculture impossible, et la survie du groupe dépend, au jour le jour, des résultats de la chasse ou de la pêche. Dans cette région, la survie de l'ensemble de la communauté était constamment en danger et on préférait sacrifier, dès la naissance, certaines bouches jugées inutiles. Ce contrôle du nombre de naissances était très cruel puisqu'il s'agissait d'infanticide (De Monléon, 2003). Ainsi, pour certains parents dont les ressources étaient faibles et la progéniture déjà nombreuse, l'arrivée d'un nouveau-né risquait de déséquilibrer la survie de l'ensemble du groupe familial : dès sa naissance, le bébé était exposé hors de l'igloo, où sa survie était, bien sûr, courte. Celui qui, attiré par les cris de l'enfant, voulait le recueillir, pouvait le faire facilement. Il devenait le nouveau père de l'enfant, sans autre forme de cérémonie (Trillat *et al.*, 1988).

2.1.2 Inégalité sexuelle face à l'abandon

Les filles étaient particulièrement victimes des infanticides. Elles ne pêchaient pas et ne chassaient pas, et étaient donc considérées comme moins utiles. Au début du siècle, on comptait, dans la population infantile d'une communauté inuit, un tiers de filles pour deux tiers de garçons. De même, plus de 80 % des enfants adoptés étaient de sexe masculin. Un enfant avait donc beaucoup plus de chances d'être recueilli s'il s'agissait d'un garçon.

À l'heure actuelle, grâce aux aides sociales du gouvernement canadien, l'infanticide a disparu, et on trouve autant de filles que de garçons dans les villages inuits. Mais l'inégalité sexuelle demeure chez les enfants adoptés. Inversement aux statistiques du début du siècle, les enfants adoptés sont de sexe féminin dans la grande majorité des cas. Malgré une meilleure sécurité financière, il y a toujours des bouches jugées inutiles, et les filles sont, encore une fois, les premières à être classées dans cette catégorie. Elles sont donc proposées en adoption, ce qui reste rare pour les garçons, qui sont le plus souvent gardés par leur famille biologique.

2.2 *En Afrique subsaharienne : l'enfant, un bien appartenant au clan*

2.2.1 *L'enfant : un bien qui doit circuler*

Il existe une culture de la mobilité des enfants en Afrique noire (Lallemand, 1993 ; Leblic *et al.*, 2004). Dans cette région du monde, la conception de la famille est étendue : la famille nucléaire, prédominante dans notre société occidentale, y est inconnue. Plusieurs générations cohabitent dans la même unité d'habitation (village, quartier ou cour), affirmant une grande solidarité (De Monléon, 2003). La richesse s'exprime plus par le nombre d'individus à l'intérieur de la même famille que par les biens matériels. Comme l'a écrit Lallemand (1993), l'enfant est considéré comme un bien qui doit circuler.

2.2.2 *Transferts d'enfants et solidarité familiale*

Les transferts d'enfants permettent aussi d'édifier une solidarité familiale. Les grands-parents aident les parents à élever une nombreuse progéniture. Et certains petits-enfants, « recueillis » par leurs aïeux, doivent les aider pendant leur vieillesse. Certaines sociétés africaines ont même strictement défini la circulation des enfants (Lallemand, 1993). Il faut, par exemple, que le premier fils soit donné au père de la mère ou la première fille à la mère du père, ou bien au frère aîné de la mère. Cette grande circulation fait qu'il n'y a pas de dislocation familiale : tous les apparentés restent unis et solidaires.

Par ailleurs, cette grande mobilité permet de recueillir, de façon simple et naturelle dans sa famille proche, tout enfant qui se retrouve sans parents. Plutôt que d'appartenir à une famille, chacun a le sentiment d'appartenir à un clan. La mère n'est considérée que comme le réceptacle de son enfant, qui appartient à la communauté. L'enfant à naître est attendu de tous, il n'est pas l'objet d'un amour exclusif de la part de ses parents. Dans les sociétés polygames, les co-épouses doivent souvent pratiquer l'adoption entre elles pour favoriser leurs relations.

2.2.3 Adoption d'enfants et superstition

Parfois, l'adoption peut être un moyen de protection de l'enfant lui-même face à certaines superstitions (De Monléon, 2003). Après la mort d'un premier enfant, quand une nouvelle naissance se produit, pour détourner les mauvais esprits, les parents se séparent symboliquement du bébé. Comme s'ils se détournaient de lui, ils le confient à un proche, parfois même ils l'injurient ou font semblant de le rudoyer, pour prouver leur manque d'intérêt envers lui. Mais, parallèlement à ces manœuvres, ils remplissent complètement leur fonction parentale.

De même, la sorcellerie est supposée se transmettre de femme en femme. L'adoption permet dès lors à une fille de sorcière de lui éviter de devenir sorcière à son tour. Dans certaines ethnies, le sperme du père est considéré comme un poison du lait de son enfant : l'interdit sexuel dure par conséquent pendant toute la période de l'allaitement. Pour que leurs parents ne soient pas gênés dans leur vie sexuelle, l'adoption est un moyen de contourner ce tabou : on échange son enfant (au moins pendant le temps de l'allaitement) avec celui d'une voisine ou d'une amie, car les sécrétions d'un autre que le père ne sont pas reconnues comme nocives.

La superstition selon laquelle la gémellité porte malheur est présente dans certaines ethnies vivant dans la région de Mananjary, au sud-est de Madagascar. Dans cette région, il est tabou d'élever des jumeaux et on se sépare d'eux dès la naissance. Cette superstition est née d'une légende selon laquelle des jumeaux, en pleurant lors du passage d'ennemis, auraient permis à ces derniers de découvrir la cache du clan. Depuis, par tradition, ils sont honnis.

2.2.4 Des écueils à l'adoption et aux transferts d'enfants subsistent

Si la loi du sang est bien moins privilégiée qu'en Europe, si l'enfant trouve presque toujours un membre de la famille pour l'accueillir, l'adoption et les transferts d'enfants ne sont pas toujours idylliques en Afrique. Des enfants de la campagne sont confiés à des parents de la ville pour bénéficier d'une bonne instruction. Mais dans bien des cas, ces enfants sont exploités et deviennent les petits esclaves de leurs tuteurs (De Monléon, 2003). La modernité, et certains de ses tristes aspects, fait parfois exploser le système. Ainsi, l'épidémie de Sida qui frappe de plein fouet le continent africain apparaît mythique, comme un châtiment, et les orphelins du Sida peuvent être maltraités, rejetés, expulsés, car considérés comme porteurs de la maladie (ce qu'ils ne sont pas toujours) et témoins de la malédiction.

2.3 En Polynésie : filiations biologique et adoptive sur le même plan

La Polynésie est un ensemble d'îles situées sur un territoire immense qui occupe la plus grande partie du Pacifique Sud. Les limites du triangle polynésien sont Hawaï, l'île de Pâques et la Nouvelle-Zélande. Les habitants se reconnaissent, malgré la colonisation par diverses nations, comme une ethnie unique : les Maoris. Le centre historique et culturel de cette entité se situe en Polynésie française.

2.3.1 Échange et don d'enfants

La société polynésienne a depuis longtemps pratiqué l'adoption sous forme d'échange et de don d'enfants. Le mode d'adoption polynésien peut être considéré, à certains égards, comme un modèle. Dans la mythologie tahitienne, les adoptions sont nombreuses entre les dieux, qui scellent ainsi des alliances. En échangeant des enfants, signe de confiance absolue, on devient membres d'une même famille. Historiquement, à l'issue des guerres qui furent nombreuses entre les différentes îles, l'échange d'enfants entre les souverains était le meilleur moyen de conclure la paix.

À l'heure actuelle, la famille étendue garde son importance, même si la mondialisation entraîne le développement des familles nucléaires chez les jeunes Polynésiens (De Monléon, 2003). Beaucoup aspirent à quitter le domicile de leurs parents dès la création de leur couple. Mais même dans ce cas, l'avis des anciens compte beaucoup, et la solidarité familiale reste forte.

La langue tahitienne témoigne de l'importance culturelle de l'adoption dans cette région. Sur le plan linguistique, le même terme (*metua tane*) est utilisé pour désigner son père, mais aussi les frères de celui-ci ou encore les cousins du père. En revanche, il existe des termes précis pour désigner les parents biologiques : *fanau* (littéralement : donner la vie), et les parents adoptifs : *fa'a'amu* (littéralement : donner à manger).

2.3.2 Raisons traditionnelles de l'adoption

L'adoption reste encore très fréquente dans les familles polynésiennes. Des ethnologues ont cherché à en connaître les raisons traditionnelles. Pour les parents qui donnent leurs enfants (*fanau*), il s'agit souvent de remplir une obligation (pour service rendu) et ainsi d'honorer des parents ou amis. Ce peut être aussi le désir d'établir, ou de renforcer, une alliance ou, plus rarement, des difficultés économiques. Pour les parents qui adoptent ces enfants (*fa'a'amu*), les raisons sont pratiquement identiques. Il importe de remplir une obligation et d'honorer des parents ou amis en acceptant leur enfant, d'établir ou de renforcer une alliance.

C'est aussi le désir d'avoir des enfants à la maison, soit que l'on n'en ait pas, soit que l'on n'en ait plus (enfants devenus adultes) ; c'est, dans ce cas, une sorte d'assurance vieillesse.

3 Adoption et séparation dans certaines sociétés modernes

3.1 Dans les pays de droit coranique : adoption interdite

Les pays sous régime de droit islamique ne sont pas ouverts à l'adoption internationale.

3.1.1 Quelques bases théologiques à cette interdiction

Sur les bases de la lecture de la trente-troisième sourate du Coran (intitulée « Les Confédérés »), toute forme d'adoption semble être condamnée sans appel dans le monde musulman (De Monléon, 2003) :

> Dieu n'a pas donné deux cœurs à l'homme ; il n'a pas accordé à vos épouses le droit de vos mères, ni à vos fils adoptifs ceux de vos enfants. [...] Appelez vos fils adoptifs du nom de leur père, ce sera plus équitable devant Dieu. Si vous ne connaissez pas leurs pères, qu'ils soient vos frères dans la religion et vos compagnons ; vous n'êtes pas coupable si vous ne le savez pas ; mais c'est un péché que de le faire sciemment.

Selon certains historiens et spécialistes de l'islam, un épisode romanesque de la vie du Prophète serait à l'origine de cette sourate. Mahomet avait adopté un de ses anciens esclaves, Zaïd. Il l'avait affranchi et l'aimait comme un fils. Mais Zaïd avait épousé Zineb, dont la beauté ne laissait pas Mahomet indifférent. Entièrement dévoué à son père, Zaïd répudia Zineb pour permettre à Mahomet de l'épouser. Un cruel dilemme se posa alors, Zineb avait été la femme de Zaïd, qui était lui-même le fils de Mahomet. En épousant Zineb, Mahomet ne risquait-il pas de commettre un inceste ? La révélation de la trente-troisième sourate donne la solution : Zaïd n'avait jamais été le fils de Mahomet, donc Zineb n'avait jamais été la fille (par alliance) de Mahomet, et elle pouvait convoler en justes noces avec le prophète. Cet interdit de l'adoption dans l'islam renvoie à l'immuabilité du nom propre : un enfant musulman, une fois reconnu, ne change plus de nom même s'il y a un doute sur sa filiation biologique (Hamad, 2001).

Plus concrètement, le célibat, mais aussi la stérilité n'ont pas de place dans le monde musulman (De Monléon, 2003). Tout musulman se doit de trouver une épouse et de fonder une grande famille. L'infertilité peut être un moyen commode de répudier son épouse. Une famille nombreuse est une manière d'affirmer sa virilité et, par là même, sa place dans la société. Les parents ont le devoir d'élever et de s'occuper de leur progéniture. Mais aucune obligation n'est faite de s'occuper des enfants des autres. Le sort des enfants sans parents peut donc être particulièrement dramatique, surtout s'ils sont illégitimes. La naissance illégitime est perçue comme un déshonneur qui entache toute la famille, comme une transgression qui serait la source de futurs malheurs (Peyré, 2002). Si un bon musulman doit venir en aide aux orphelins, la culture islamique voit plus, en l'enfant du péché, le péché à condamner que l'enfant à protéger.

3.1.2 *Un recueil traditionnel légal : la kafala*

Le droit coranique prévoit l'accueil des enfants privés de parents : la *kafala* est une forme de garde gratuite, ou de recueil légal, par lequel un adulte s'engage à prendre bénévolement en charge l'entretien, l'éducation et la protection d'un enfant mineur, au même titre que le ferait un père pour son fils. La *kafala* judiciaire équivaut à une tutelle, dont l'effet est, sur le plan juridique, limité dans le temps, jusqu'à la majorité de l'enfant, même si, le plus souvent, les liens affectifs qui se créent deviennent permanents (Peyré, 2002).

3.1.3 *Des exceptions à l'interdiction*

La majorité des États de droit coranique (comme l'Algérie, la Mauritanie, le Pakistan, le Maroc) prohibent l'adoption. Mais tous les États de droit musulman ne l'interdisent pas : la Tunisie et l'Indonésie sont des exceptions à cette interdiction, de même que le Liban ou la Somalie (Chicoine *et al.*, 2003).

3.1.4 *Des contournements de l'interdiction*

Mais là où l'adoption est prohibée par l'islam, des contournements de l'interdiction peuvent exister. Certains pays islamiques (comme le Maroc) ont souhaité fermer les yeux sur l'adoption par des étrangers pour les cas de *kafalas* : elles sont autorisées par les tribunaux religieux pour des non-musulmans, et seront transformées en adoptions plénières dans le nouveau pays.

D'autres pays de droit coranique comme l'Algérie trouvent des moyens détournés pour permettre l'adoption d'enfants illégitimes. Le nombre de ces enfants a augmenté parallèlement à l'évolution de la société algérienne. La morale est stricte pour les jeunes filles : elles doivent arriver « intactes » au mariage ; la perte de la virginité entraîne le déshonneur et le rejet social (Szejer *et al.*, 2000). Le nom, comme la filiation, se transmet uniquement par le père. Dès lors, l'enfant sans père se retrouve sans famille, sans nom, donc sans existence. Sur l'état civil, il est déclaré né de sa seule mère, avec la mention : « sans filiation ». Parfois, ces jeunes filles-mères placent leurs bébés en institution (où les conditions de vie sont très aléatoires). Cette situation dramatique évolue progressivement : les enfants sans parents sont mieux traités et certains peuvent être adoptés à l'intérieur du pays.

Des moyens illégaux comme le changement d'identité de ces enfants sont utilisés par des médecins et des travailleurs sociaux au péril de leur vie (de telles manœuvres ne sont pas toujours acceptées par la population et des dénonciations sont possibles) : un enfant sans parents est confié à un couple stérile, qui simule une grossesse. L'accouchement sous X est l'un des autres moyens de donner une chance à ces enfants : des jeunes filles dissimulent leur grossesse (souvent avec la complicité de leur mère), et viennent accoucher en France. Cette solution (qui se transforme ainsi en droit d'asile pour ces tout-petits) permet de sauver la vie tout à la fois de la mère et de l'enfant.

« L'enfant endormi » est un autre moyen de contourner l'interdiction de l'adoption par le Coran. Par souci d'humanité, un imam maghrébin a décrété que la grossesse pouvait durer de 6 mois à 5 ans. Il devient ainsi possible pour une femme veuve ou divorcée d'adopter un bébé, après avoir déclaré qu'elle en a accouché. Si l'enfant est « né » plus de neuf mois après la séparation du couple, l'enfant est considéré comme « endormi dans le sein de sa mère ». L'entourage n'est pas dupe, mais, en fermant les yeux, il donne une chance à l'enfant et à sa mère.

3.2 En Europe de l'Est : institutionnalisation des enfants sans famille

Les pays de l'ex-bloc de l'Est portent le poids de la bureaucratie, du soviétisme, où les enfants sans famille étaient considérés comme des malades. Ils devaient dès lors être soignés, institutionnalisés et pris en charge en établissements spécialisés (Bechillon et Choulot, 2001). L'exemple de la Roumanie le prouve. Selon Chicoine *et al.* (2003), les politiques pro-natalistes des Ceausescu ont promu une prise en charge institutionnelle complexe et aléatoire pour la petite enfance abandonnée roumaine, qui dépasse les limites des imaginations les plus morbides : les « leagane » (pouponnière, crèche) pour les petits de moins de trois ans, puis les « casa di copii » (foyer, maison) pour les enfants les plus éveillés jusqu'à l'âge de 18 ans, et pour tous les autres, les « camin spital » (hospices), « écoles spéciales », centres spécialisés pour irrécupérables (qui n'étaient en fait que des mouroirs déguisés). Malgré son évolution politique, ses changements d'attitude à l'interne et des conférences internationales lui commandant une réorganisation urgente de sa prise en charge de la petite enfance abandonnée, la Roumanie n'a toujours pas résolu dans des limites acceptables les aléas de l'institutionnalisation massive de ses enfants (Chicoine *et al.*, 2003).

3.3 *L'adoption en Amérique latine : entre rumeurs et réalités*

En Amérique latine, il n'y a pas de traditions anciennes de circulation d'enfants comme en Afrique ou dans le Pacifique, mais l'adoption est devenue une des solutions face à l'évolution sociale.

3.3.1 *Adoption et trafics*

Des rumeurs, plus ou moins fondées, circulent sur le trafic d'enfants dans ce continent. On a même parlé, sans véritablement de preuves, d'enfants enlevés ou achetés à leurs parents pour être engraissés et servir de réservoir d'organes. Le vol d'organes, destinés à être greffés sur de riches Occidentaux, est certainement l'un des bruits les plus répandus et les plus infondés. Ce fantasme de l'enfant dépecé avant d'être monnayé est souvent agité par des opposants à l'adoption (De Monléon, 2003). Des trafics d'enfants destinés à des réseaux de prostitution ou de pornographie à caractère pédophile ont bel et bien été mis au jour. Malheureusement pour les enfants, il est inutile d'aller en Amérique latine pour trouver des faits aussi abjects. De nombreuses affaires ont prouvé que la riche Europe occidentale n'avait pas beaucoup de leçons à donner sur ce sujet. L'adoption est, elle aussi, l'objet de trafics. Mais, sur l'ensemble des adoptions annuelles de petits Sud-Américains, l'immense majorité (plus de 9 adoptions sur 10) se déroule en toute clarté.

3.3.2 Des adoptions internationales cadrées et plus transparentes

Des pays comme le Brésil ou la Colombie ont clarifié leurs modalités sur l'adoption, et tout particulièrement celles de l'adoption internationale. Ils n'hésitent pas à privilégier l'enfant en lui permettant de trouver une nouvelle famille (au détriment du sentiment national qui pousserait à garder les enfants au pays dans n'importe quelle condition, et du droit du sang, trop sacralisé dans nos sociétés).

Dans la plupart des pays d'Amérique latine, les enfants confiés à l'adoption internationale sont ceux qui n'ont pas pu bénéficier d'une adoption nationale. Les tout petits bébés et les enfants à la peau claire sont adoptés à l'intérieur du pays, comme au Brésil, par des familles favorisées, qui cachent l'adoption à leurs proches (Szejer, 2000 ; Leblic *et al.*, 2004). Dans ce cas, elle se réalise souvent par arrangement entre les deux familles, en trichant sur le certificat d'accouchement, sans intervention des services de l'État. L'enfant est directement enregistré sous le nom de sa famille adoptive, comme si c'était sa mère adoptive qui avait accouché. Mais quand il s'agit d'adoption internationale, l'État fait habituellement preuve d'une grande vigilance. La Colombie est (avec la Thaïlande) l'un des pays où l'adoption est la plus transparente, à l'abri de toute corruption. Ces deux nations à la mauvaise réputation cherchent ainsi à se donner une image sans tache sur ce problème sensible (De Monléon, 2003).

3.3.3 Des adoptions internationales moins cadrées et clandestines

Cependant, là où l'État n'encadre pas clairement les adoptions, toutes sortes de dérives sont encore possibles. La situation est parfois floue et préoccupante. C'est par exemple le cas au Paraguay. L'adoption par des Français est impossible, par décision des Autorités françaises. Si l'on est très naïf, on peut découvrir qu'un grand nombre de femmes occidentales ont choisi d'accoucher dans ce petit État, qui n'est pas réputé pour la qualité de sa médecine et le confort de ses installations sanitaires. Deuxième surprise, alors que ces femmes souffraient de stérilité depuis plusieurs années, il a suffi d'un séjour au Paraguay pour qu'une grossesse se déclare. Et enfin, troisième surprise, cette grossesse est particulièrement rapide, puisqu'en quelques semaines, un bel enfant naît, alors que la femme, qui venait d'arriver, avait pu prendre l'avion sans déclarer une grossesse qui devait déjà être bien avancée. Tout cela, bien sûr, se fait avec la complicité de certains intermédiaires, de médecins accoucheurs et de certains fonctionnaires : une mère se sépare de son enfant dès la naissance, et celui-ci est déclaré au nom de la femme occidentale qui l'adopte.

Des cas similaires de « grossesses surprises » ont été décrits au Guatemala (Szejer *et al.*, 2000). Ces cas d'« adoptions » frauduleuses, où le mensonge et la clandestinité sont à la base, ne sont pas souhaitables et présentent d'énormes risques pour l'enfant et ses relations futures avec ses « faux » parents adoptifs. Comment concevoir des relations saines et construire une famille avec de telles bases ? Il semble également difficile de dire la vérité à l'enfant sur les conditions de son adoption. Et lui mentir n'est malheureusement pas plus honorable.

3.4 En Asie : entre nécessité des garçons et inutilité des filles, et prépondérance du poids social

En Chine et en Asie méridionale, les filles sont moins bien considérées que les garçons et sont plus facilement séparées de leurs familles biologiques. C'est le cas par exemple en Chine, en Inde et au Vietnam.

3.4.1 En Chine

Dans la Chine traditionnelle, les petites filles étaient victimes d'infanticides. La solution à ces meurtres tolérés était l'adoption des petites brus. Deux familles pouvaient s'arranger entre elles : une petite fille non désirée par sa famille était confiée, dès son plus jeune âge, à une autre famille, qui l'élevait et la destinait à épouser l'un de ses fils. Ceci évitait à cette deuxième famille de dépenser de grosses sommes pour marier ses fils.

Dans la société chinoise actuelle, il reste des traces de cette mentalité. Un danger qui menace ce pays est de devenir un pays sans femme. Pourtant le point positif est la nette progression du statut de la femme chinoise. Tout ce qui est rare est cher, et beaucoup de jeunes femmes prennent conscience de leur valeur, progressant ainsi sur le plan social et entraînant une évolution des mentalités.

3.4.2 En Inde

En Inde, il est essentiel pour tout père d'avoir au moins un fils qui lui survivra ; ainsi, celui-ci assurera la crémation de son père après son décès, et sa réincarnation. Pour ce faire, il faut que le bûcher funéraire soit allumé par un fils du défunt. Au contraire, l'arrivée d'une petite fille fait entrevoir la nécessité d'une dot quand elle sera en âge de se marier, et cette pratique ancestrale est parfois une véritable malédiction, puisqu'elle endette la famille pour de nombreuses années.

3.4.3 Au Vietnam

Au Vietnam, les mesures officielles très sévères de planification familiale restent peu efficaces. Deux enfants sont autorisés, un impôt spécial est dû à partir du troisième ; pourtant, la nécessité d'avoir un fils est, là aussi, déterminante. L'adoption par des étrangers est un moyen de remédier à un excès de filles. Le sexe le plus souvent proposé en adoption est celui qui est jugé le moins utile par la population. Dans la plupart des cas, ce sont les petites filles qui ne sont pas gardées.

À l'opposé et d'une manière beaucoup plus rare, dans quelques pays comme en Thaïlande, les parents préfèrent garder les filles près d'eux et confier les garçons en adoption.

3.4.4 En Thaïlande

Dans certaines sociétés matriarcales de la Thaïlande la terre est transmise par les femmes. Les fils, après avoir été nourris pendant la première partie de leur vie, sont considérés comme des bouches inutiles ; ils quittent leurs parents lors de leur mariage pour aller vivre et travailler dans leur belle-famille. Il est donc préférable de garder les filles auprès de soi pour assurer ses vieux jours en s'assurant une main-d'œuvre masculine.

3.4.5 En Corée du Sud

En Corée du Sud, le poids social a joué un rôle prépondérant dans le développement de l'adoption internationale. Comme l'a écrit Maury (1999), la conception coréenne traditionnelle de la société et de la famille est directement inspirée du confucianisme (qui est plus une morale qu'une religion). La Corée du Sud reste une société fortement inspirée par la pensée néo-confucéenne : cette pensée est basée sur l'importance de la hiérarchie sociale et de la famille dans le cadre strict du mariage. Les relations extra-conjugales et les enfants nés hors mariage ne sont pas acceptés en Corée. Ces enfants n'ont aucune reconnaissance sociale. Il est donc impossible pour un parent coréen seul et non marié avec un enfant de trouver du travail et de vivre.

En outre, les Coréens doivent se marier avec d'autres Coréens : la Corée du Sud est sans doute le pays le moins métissé du monde ; les enfants métis sont donc également moins bien acceptés. La guerre de Corée dans les années cinquante a donné naissance à des enfants métis nés de soldats américains et de femmes coréennes : ces enfants étaient très mal vus par la société coréenne et n'avaient pas d'espoir d'avenir. Un officier américain, Holt, a créé un orphelinat à Séoul pour permettre la prise en charge de ces enfants sans avenir. Le Holt Children Services ainsi créé a permis l'adoption de nombreux Coréens par des étrangers.

4 Conclusion

Par une approche anthropologique de l'adoption et de la séparation d'enfants, nous souhaitons lutter contre les clichés ou les idées reçues en matière d'adoption(s) et contribuer à une acceptation naturelle de l'adoption et de la filiation adoptive. Le lien du sang, si prégnant dans notre société, n'est pas tout. D'autres sociétés dans le monde, comme en Afrique ou en Polynésie, ne le considèrent pas comme tel.

Nous pensons que l'approche socioculturelle de l'adoption internationale et de l'enfant adopté est fondamentale : elle doit être développée et devenir un complément naturel et nécessaire à l'approche médicale déjà existante. Par ailleurs, ne perdons pas de vue qu'en médecine, le patient doit être envisagé dans sa globalité par une approche médicale mais également sociale, culturelle, environnementale : bien plus qu'aux seuls enfants adoptés, cette approche est utile pour tout enfant quelle que soit sa filiation.

Bibliographie conseillée

De Bechillon M. et Choulot J.J. (2001). *Le Guide de l'adoption*, Paris, Odile Jacob.

Chicoine J.-F., Germain P. et Lemieux J. (2003). *L'Enfant adopté dans le monde (en quinze chapitres et demi)*, Montréal, éditions de l'hôpital Sainte-Justine.

Lallemand S. (1993). *La Circulation des enfants en société traditionnelle. Prêt, don, échange*, Paris, L'Harmattan.

Leblic I. *et al.* (2004). *De l'adoption : des pratiques de filiation différentes*, Clermont-Ferrand, Presses universitaires Blaise-Pascal.

De Monléon J.-V. (2003). *Naître là-bas, grandir ici. L'adoption internationale*, Paris, Belin.

Peyré J. (2002). *Le Guide Marabout de l'adoption*, Paris, Marabout.

Szejer M. *et al.* (2000). *Le Bébé face à l'abandon, le bébé face à l'adoption*, Paris, Albin Michel.

Trillat B. *et al.* (1988). *Abandon et adoption. Liens du sang, liens d'amour*, Paris, Autrement.

2 L'ADOPTION NATIONALE : FACTEURS DE RÉSISTANCES, FACTEURS D'ÉVOLUTION[1]

1 Préambule

Il existe une adoption tardive faisant souvent suite à un délitement progressif des liens parentaux, puis à un abandon de fait et de droit, dans le cadre d'un placement, voire une décision tardive de « remise aux fins d'adoption » par les parents de naissance à la suite d'un placement.

J'ai choisi ce sujet parce qu'il me semble que l'adoption nationale évolue bien lentement alors que l'adoption internationale ne cesse de progresser et de se structurer. Partant de ce constat et en m'appuyant sur quelques travaux existant, je tenterai de répondre à deux questions :

- Qu'est-ce qui fait qu'en France, cette forme de protection est si peu traitée voire exploitée ? Je m'attarderai alors sur ce qui m'apparaît comme des facteurs de résistance.
- Qu'est-ce qui peut faire évoluer l'adoption nationale de notre point de vue ? Je m'attarderai alors sur ce qui m'apparaît comme des facteurs d'évolution.

1. Par Claire Gore.

2 Facteurs de résistance

2.1 Facteurs culturels et idéologiques

Le facteur de résistance prédominant me semble entièrement lié à notre culture, facteur fortement corrélé à ce qui relève de l'idéologie : pour en mesurer l'ampleur, il suffit d'étudier l'histoire de cette institution dans les pays européens et anglo-saxons, voire aux États-Unis et au Canada. J'ai rassemblé, dans un livre récent (Gore, 2007), un bon nombre d'études réalisées par divers anthropologues et historiens, lesquels montrent fort bien comment chaque culture fait place à ce mode de filiation particulier, selon ses valeurs, selon le moment de son histoire. Par exemple, dès le milieu du XVIIIe siècle, les Américains exploitaient l'aspect sécurisant de l'adoption, de même au Canada, du moins dans certaines régions. En clair, les pays anglo-saxons et le Québec en particulier ne cessent de faire évoluer cette institution depuis le XIXe siècle, alors que la France a abordé beaucoup plus tardivement (XXe siècle) ce mode de protection sous sa forme actuelle. Par exemple, les services d'adoption, dans le secteur public, ont commencé à se structurer dans les années quatre-vingt. L'évaluation des candidats à l'adoption est devenue obligatoire en 1985.

De notre culture naît une certaine idéologie : nous savons que les modèles familiaux ne cessent de se transformer mais nous restons fixés sur le modèle de la famille biologique à forme traditionnelle. Pour exemple, l'adoption par un couple non marié ou pacsé n'est consentie que pour un seul membre du couple. Cet aspect renforce, de fait, le caractère passionnel de nos débats et nous entraîne vers des postures extrêmes, évidemment peu favorables à l'avancée de cette forme de protection de l'enfance qu'est l'adoption.

2.1.1 Deux exemples

Selon notre champ d'intervention et surtout selon les convictions des uns et des autres, nous décrétons que les parents dits « délaissants » sont mal menés, mal accompagnés, et nous pourrons ainsi éviter la question des liens parentaux inconstructibles, voire celle de la souffrance des parents qui n'arrivent pas à créer des liens avec leur enfant et qui ne peuvent penser l'adoption comme une voie d'ouverture. Mais qu'est ce qui nous permet de croire que les actions psychosociales doivent suffire à l'émergence ou à l'évolution d'une parentalité ? Dans une interview récente, l'anthropologue, Françoise Héritier (2009) disait : « La filiation biologique est une hérésie, il n'y a de filiation que sociale. » Nous sommes là dans une posture diamétralement opposée mais l'adoption pose véritablement le problème que j'énoncerais autrement : la filiation sociale n'est-t-elle pas plus déterminante que la filiation biologique ?

Selon nos convictions, nous survalorisons l'adoption plénière (on a pu considérer l'adoption simple comme une « sous-adoption ») ou nous survalorisons l'adoption simple au point de préconiser la disparition de l'adoption plénière, alors que les besoins de l'enfant adopté sont très différents d'un cas à l'autre et nous le savons. Pourquoi ne pas rendre possible le passage de l'adoption plénière à l'adoption simple si l'intérêt de l'enfant va dans ce sens ? Et puis, n'est-il pas plus intéressant de développer le concept d'adoptabilité où la question de la forme d'adoption se posera nécessairement ?

2.2 *En seconde position le facteur événementiel*

Selon notre propre expérience de l'adoption et nos convictions, nous arborons une attitude alarmiste tendant à faire de l'adoptant une victime ou de l'adopté « un blessé à vie », ou nous arborons une attitude militante donnant à l'adoption une mission démesurée, celle de « pouvoir rendre des familles heureuses », sous-entendu « qui ne l'étaient pas ». Dans le cas d'une posture alarmiste, nous évoquerons essentiellement évoqué les échecs de l'adoption, la souffrance de l'adopté, les pratiques répréhensibles, et laisserons de côté l'aspect créatif et thérapeutique de l'adoption, ou inversement. Or, parler « des échecs » sans parler « des réussites », n'est-ce pas donner une vue réduite et partielle d'une institution qui risque ainsi de ne plus être reconnue comme une forme de protection de l'enfance ? Il est juste de parler de la blessure de l'abandon, de la souffrance de l'adopté, mais est-il possible de passer sous silence le fait que l'adoption peut permettre à l'adopté d'élaborer sa souffrance, pour mieux la dépasser, ce que font beaucoup plus difficilement les enfants à l'état d'abandon, sans possibilité d'adoption ?

Cette souffrance-là est d'ailleurs bien peu évoquée. C'est un peu comme les enfants placés : quand on lit certains travaux, on a l'impression qu'ils continuent à être des victimes, des enfants blessés « pour toujours »... Le vrai problème pour l'enfant placé, c'est avant tout celui de l'évolution des liens avec ses parents, comment ses parents de naissance l'investissent. Puis et au second plan, il nous faudra considérer la place qu'il réussira à se faire dans la famille d'accueil et réciproquement. Les interactions entre affiliation et filiation deviendront déterminantes. En ce sens, placement, adoption et parrainage entretiennent des liens étroits, ce qui n'apparaît pas dans l'organisation de nos services Enfance. Peu de départements se tournent vers le parrainage et il me semble que la plupart des services d'Aide Sociale à l'Enfance travaillent sur l'*a priori* selon lequel « placement et adoption n'ont rien à voir ensemble » (Rebelo et Moulin, 2009).

2.3 Le facteur structurel

C'est-à-dire celui qui est lié à notre système de protection en direction de l'Enfance. Selon nos propres convictions, nous pensons qu'il faudrait modifier la loi pour faciliter les pratiques. Or, beaucoup de modifications sont intervenues depuis 1966 et, pour autant, la loi reste difficilement opérante. Pour illustration, référons-nous aux travaux de Halifax (2007), chercheur à l'INED, laquelle observe qu'entre 1989 et 2005, les articles 350 (procédure judiciaire d'abandon) ont diminué de 54 %. Dans son rapport sur l'adoption, Colombani (2008) relève une baisse de 70 % des décisions judiciaires d'abandon entre 1989 et 2005.

Par ailleurs, les professionnels savent combien il est difficile de choisir et de conduire un projet de changements de statut. Bien peu d'études en rendent compte. Au cours d'un colloque départemental en 2006, intitulé « Adoption tardive, parrainage », un directeur adjoint a tenu les propos suivant : « Comme un peu partout en France, l'opportunité de faire évoluer le statut juridique des enfants délaissés est relativement exposée aux convictions, aux croyances, aux résonances et sans doute aux résistances personnelles des acteurs professionnels. À l'autre bout aussi parfois de l'idéalisme... ».

Pour illustrer cela, un collègue psychologue, Pierre Gspann (2007), remarquant que les statuts DAP (délégation d'autorité parentale) étaient beaucoup plus élevés que les 350 (procédure judiciaire d'abandon), a étudié un échantillon de 60 DAP dans le cadre d'une recherche universitaire. Sa communication s'intitulait « La DAP à l'ASE : un abandon paradoxal ? ». Il a constaté qu'il avait fallu pour ces enfants-là une moyenne de 8 ans avant que la procédure ne soit engagée et a mis en évidence *le désintérêt parental* comme facteur prédominant. 40 % de la population d'enfants étudiée n'avait plus de relation avec la famille d'origine. L'auteur s'est demandé si, pour certains cas, la DAP n'avait pas été préférée au statut de pupille car l'âge de l'enfant était trop avancé.

Par ailleurs, Gspann (1996) a proposé un entretien à 8 de ces jeunes plusieurs années après leur majorité et, curieusement, ces entretiens ont laissé apparaître un véritable questionnement autour de la notion d'abandon. Il a pu relever des phrases paradoxales comme « ma mère n'a pas signé le contrat d'abandon... », « ils m'ont abandonné mais ils n'ont pas voulu signer l'acte d'abandon », « j'ai toujours cru que ma mère m'avait abandonnée... ».

On voit donc bien que si le statut juridique n'est pas un critère suffisant pour que l'adoption advienne, par ailleurs, le choix du statut et le décalage entre le temps de l'enfance et le temps de la procédure peuvent aussi favoriser ou non une telle orientation. (On remarquera le peu d'études faites sur les adoptions à partir des retraits d'autorité parentale ou encore les adoptions par des familles d'accueil, avant ou après le départ des enfants de l'ASE, etc.).

Si la loi est la même pour tous, nous remarquerons que chaque département a des moyens différents pour traiter de l'adoption des enfants adoptables dits « à particularité ». Citons l'expérience ORCA (Organisation régionale de concertation sur l'adoption) dans l'Est de la France : cette structure, chargée de faciliter les projets d'adoption des enfants à « besoins particuliers », fonctionne depuis 1982. Les professionnels de cet organisme ont pu réaliser 174 adoptions. Malgré des résultats très encourageants et avec un recul de plus de 20 ans, il faudra attendre 2004 pour qu'une structure équivalente soit créée en Normandie. Nous remarquerons au passage que Sophie Marinopoulos fait le même constat au sujet des maternités capables d'accueillir des nourrissons remis aux fins d'adoption. Le SIAPE (fichier national des adoptants) constitué en 2003 serait utilisé par moins de dix départements.

Le comble de tout cela, c'est que, quelle que soit la posture prise dans cette affaire, nous nous accordons tous pour dire qu'il faut défendre le droit des parents, inventer des formes de soutien à la parentalité, bien accompagner les enfants lorsqu'il y a des changements de projets, rendre des profils d'adoptants plus accessibles (SIAPE). Mais sur le terrain, cette population d'enfants reste peu étudiée, les professionnels très démunis devant les effets de l'absence prolongée d'investissement parental, devant le manque de relais familial, devant la complexité des procédures, et devant les effets produits dans la famille accueillante, celle-ci se retrouvant dans une position ambivalente et paradoxale.

3 Facteurs d'évolution

3.1 Reconnaître le délaissement prolongé comme une maltraitance psychologique

De ma place de psychologue, j'ai beaucoup étudié cette population d'enfants désinvestis par leur famille d'origine. C'est autour de cette question que j'ai écrit un premier ouvrage en 2001. J'ai travaillé au plus près de leurs expériences et je me suis demandé si nous réalisions en France combien l'enfant, dans sa famille d'accueil, pouvait être délaissé en dépit de son placement, si nous réalisions combien il pouvait être envahi par des angoisses d'abandon, angoisses renforcées par le statut précaire de la famille d'accueil, et quelle que soit la qualité de cette famille. Comme le dit Duyme, « l'évolution de l'enfant n'est pas seulement liée aux carences de la prime enfance, mais aussi aux carences prolongées » (Duyme, 1981).

Toujours sur ce même thème, en novembre 2003, au cours d'un colloque intitulé « Devenir adoptable, être adopté », j'avais mis en avant combien en France nous persistions à sous-évaluer la question du délaissement, alors que des travaux cliniques comme ceux de Guex (1950), Spitz (1960-1970), Miollan (1987) ou Gaspari

Carrière (1988) démontrent combien les dommages psychiques sont gravissimes au point, dans certains cas, d'engendrer des troubles relationnels irréversibles. Or ces enfants, grâce au placement familial en partie, développent aussi une meilleure capacité d'attachement et sont donc susceptibles de pouvoir construire d'autres liens, de pouvoir s'approprier une autre histoire, quel que soit leur âge, sous conditions particulières, comme les travaux d'Ozoux-Teffaine (1987) l'ont bien démontré.

À cet égard, on peut apprécier combien nos « cousins » canadiens (Québec en particulier) traitent précisément cette question. Ils n'hésitent pas à parler de mauvais traitements physiques, sexuels et affectifs. Comme exemple de « meilleure prise en compte du problème ici visé », je citerai les travaux de l'équipe de Rainville, laquelle énonce : « L'abandon de fait dans les familles et les centres d'accueil continue à être très important. L'ambiguïté du statut des enfants abandonnés constitue un des problèmes les plus délicats auxquels les services sociaux ont à faire face. » Les acteurs professionnels sont donc amenés à repérer les enfants à « haut risque d'abandon » (Rainville, 2001).

Par ailleurs, la prise en compte du délaissement interroge sur nos attitudes vis-à-vis des parents concernés. Au colloque « Devenir adoptable, être adopté », en 2003, Berger était venu expliquer qu'« un parent n'existe pas en général » et que son travail clinique l'avait amené à repérer trois groupes de parents, « ceux qui peuvent bénéficier d'une aide à la parentalité, ceux qui ne peuvent exercer qu'une parentalité partielle, et ceux qui n'investiront jamais leur enfant ». À partir de là, ne peut-on pas tenter de travailler autrement avec ces derniers ?

3.2 *Notre capacité à exploiter nos expériences*

L'adoption internationale constitue un vivier d'expériences exploitables pour l'adoption en général. Dans les années quatre-vingt, nous étions persuadés que peu de couples voulaient des enfants d'une autre culture, voire d'un autre phénotype qu'européen. Nous nous sommes trompés. Longtemps nous avons pensé que l'âge était un obstacle (les Italiens avaient même fixé dans leur loi la limite de 8 ans, limite qu'ils ont supprimée en 1987). Ce n'est plus vrai. L'adoption internationale a démontré que les candidats à l'adoption étaient ouverts à des profils d'enfants très divers. Nous avons pris beaucoup de risques en adoption internationale au point de rendre obligatoire l'adhésion des pays concernés à la convention de La Haye afin de mieux protéger les familles et les enfants devenus adoptables. À l'opposé, ne serions-nous pas restés dans une position de grande réserve en matière d'adoption nationale ?

En tous les cas, « déraciner » un enfant est de plus en plus admis alors que notre conception de base est tout autre puisqu'un bon nombre d'entre nous continuons à penser qu'il vaut mieux éviter de faire adopter un enfant « bien inséré dans sa famille d'accueil ». Aujourd'hui, l'adoption internationale nous oblige à clarifier les règles, à soigner la préparation, à définir plus précisément l'adoptabilité, à prioriser l'adoption au niveau local (principe de subsidiarité), en clair, elle participe à l'évolution de nos conceptions et de nos pratiques en matière d'adoption.

Si nous voulons donc mieux exploiter nos expériences, nous pouvons faire valoir l'intérêt de plus de recherches ayant trait aux changements de statut des enfants avec leurs conséquences sur leur devenir, et des études longitudinales peut-être plus axées sur les adultes adoptés, lesquels sont censés avoir plus de recul sur leur histoire. Peu d'études françaises témoignent de ce type d'approches.

3.3 Mieux intégrer l'adoption dans les services sociaux

Il s'agit ici d'interroger l'articulation entre les services agissant pour le retour de l'enfant et les services agissant pour la sortie des enfants dans une famille agréée mais inconnue de l'enfant. En matière d'adoption, chacun s'accorde à dire que lorsqu'un enfant est susceptible de devenir adoptable, il conviendra d'évaluer sa capacité à se projeter dans une famille adoptive. Pour autant, se pose-t-on la question des limites humaines des acteurs sociaux, lesquels ont travaillé si près des parents de naissance qu'ils ne peuvent pas toujours aider l'enfant à se projeter dans une troisième famille (famille de naissance, famille d'accueil, famille adoptive) ?

Dans quelle mesure pourront-ils aider l'enfant à se représenter l'adoption s'ils se sont préalablement beaucoup plus identifiés à la souffrance des parents qu'à celle des enfants ? On peut mesurer là combien la coopération entre les divers acteurs interfère sur de tels projets. De plus, ces intervenants vont-ils pouvoir aider la famille d'accueil, qui la plupart du temps n'est pas formée à l'adoption ?

Toutes ces données incitent à penser notre façon de travailler sur ces situations particulières. Ne serait-il pas intéressant de favoriser l'intervention des professionnels de l'adoption dès la demande de déclaration d'abandon, afin de repérer les résistances ou les difficultés inhérentes à de tels parcours ? Il faut aussi interroger la formation de la famille d'accueil face à de telles évolutions dans la mesure où elle peut être prioritairement consultée pour adopter elle-même. Dans les derniers référentiels de la formation des assistants familiaux, je n'ai pas vu pour ma part figurer l'adoption. Peut-être est-elle abordée dans la rubrique « diversifier les modes de prise en charge ? ». L'ouverture en tous les cas est ici offerte puisque les assistants familiaux se professionnalisent de plus en plus.

De façon plus globale, il me semblerait bien utile d'interroger la place de l'adoption dans le système de protection de l'Enfance. Françoise Peille, clinicienne ayant travaillé de 1962 à 1999 en lien avec les différents services Enfance de Paris, nous livre des informations éclairantes : elle fait état de situations où l'adoption aurait pu être envisagée mais n'a pu finalement se faire. Elle constate que dans son service, la procédure permettant au juge de passer outre le refus de la procédure d'abandon par les parents (article 348-6) n'a été utilisée qu'une seule fois, à sa connaissance (Peille, 2005). De même, dans un récent ouvrage sur l'enfance maltraitée, un directeur de l'Enfance sur l'Île-de-France écrit « les réticences professionnelles et administratives à rompre officiellement un lien inexistant dans les faits pour permettre à l'enfant d'en reconstruire un avec des parents disponibles et désireux de l'être ont toujours été très prégnantes » (Créoff, 2003, p. 188).

Sur 2005-2010, chaque département œuvre à l'élaboration d'un nouveau schéma départemental. Dans ce cadre-là, on peut s'intéresser à la manière d'aborder la question de l'abandon et du délaissement. J'ai par exemple relevé, pour la région Aquitaine, un volet réservé à l'adoption avec les préconisations suivantes : « Porter une attention particulière sur le consentement à l'adoption, repérer et accompagner les situations de délaissement. »

3.4 *Énoncer différemment les critères de réserve à l'adoption*

Les critères de réserve habituellement émis (âge, handicap, fratrie, bonne insertion en famille d'accueil) mériteraient d'être révisés dans la mesure où nos expériences et notre mode de pensée en la matière se sont modifiés. Voici quelques suggestions :

- impossibilité pour l'enfant à se projeter dans un tel projet au moment propice, malgré le travail de soutien et de sensibilisation mené par ses référents ;
- risque de décompensation au vu de la fragilité psychologique de l'enfant ;
- profils des adoptants non compatibles à celui de l'enfant.

Je pense qu'il est inutile d'utiliser le critère « âge » dans la mesure où il devient très relatif (les couples adoptants peuvent souhaiter un enfant de plus de 6 ans), et qu'il tend même à exclure une évolution possible vers l'adoption simple.

Je proposerais également la suppression de la notion de « bonne insertion en famille d'accueil », sachant que cette famille d'accueil a mission d'aider l'enfant à grandir au mieux dans les meilleures conditions et que, par définition, son recueil est temporaire. Par ailleurs, l'attachement que l'enfant a pu développer envers cette famille peut constituer en lui-même un facteur de bon pronostic. Et puis, la nature des liens est différente et nous ne sommes pas dans une situation de rupture analogue à l'abandon. Il s'agit de soigner les liens dans le cadre d'une séparation tant du côté accueil que du côté adoption. Enfin, la question est bel et bien : « Un enfant délaissé au point d'être déclaré pupille va-t-il réellement pouvoir consolider sa filiation dans sa dimension narcissique en restant dans sa famille d'accueil et en sachant que ses parents de naissance peuvent resurgir à tout moment avec probablement les mêmes difficultés ? »

Pour conclure, je dirais que de notre point de vue, l'adoption nationale mérite d'être abordée de façon plus objective, d'être mieux exploitée, mieux intégrée à la Protection de l'enfance avec les moyens que cela suppose. Pour autant, nous devons veiller à ce qu'elle reste dans la bientraitance, c'est-à-dire dans le souci de conserver la notion d'« intérêt de l'enfant » et de garder une position d'ouverture sans jugement envers les parents de naissance, très souvent contraints d'abandonner leur enfant de par leur propre histoire et leur propre vécu.

Bibliographie conseillée

COLOMBANI J.-M. (2008). *Rapport sur l'adoption*, Paris, La Documentation française.

CRÉOFF M. (2003). *Guide de la protection de l'enfance maltraitée*, Paris, Dunod.

GORE C. (2001). *Enfants délaissés, adoptions tardives*, Paris, ESF.

GORE C. (2007). *L'Adoption, adoptables adoptés quelles sont les réalités de l'adoption ?*, Paris, Armand Colin.

HALIFAX J. (2007). « L'adoption plénière en France : de l'établissement d'une filiation légale à la constitution d'une filiation sociale », thèse de doctorat.

PEILLE F. (2005). *La Bientraitance de l'enfant en protection sociale*, Paris, Armand Colin, 2005.

RAINVILLE S. (1998). « L'abandon à travers le monde », dans *Journal des psychologues*, 153.

RAINVILLE S. (2001). *L'Abandon d'enfant, dépister, accepter, accompagner*, Montréal, Presses de l'université de Montréal.

REBELO J.-A. et MOULIN Y. (2009). *Un enfant une famille*, éditions de la Tour Gile.

3 REVUE DES TRAVAUX EUROPÉENS SUR LE COMPORTEMENT DES ENFANTS ADOPTÉS[1]

1 En préambule

On peut considérer que l'adoption internationale a pris une ampleur significative dans le dernier quart du XXe siècle. À cette époque, les associations de parents adoptifs ainsi que les organismes autorisés consacraient l'essentiel de leurs forces à aider les postulants dans les démarches leur permettant de fonder une famille avec un enfant venu d'un autre pays. Cette compétence est maintenant largement connue et reconnue, et le recul est suffisant pour effectuer des analyses sur le développement des enfants devenus grands et/ou adultes. La presse généraliste se fait assez régulièrement l'écho de problèmes spécifiques des enfants adoptés, au point que le concept d'échec de l'adoption, qui toucherait jusqu'à 20 % des adoptés selon certains journalistes peu soucieux de la qualité de leur information, n'est plus questionné et semble avalisé sans autre forme de procès.

Le Mouvement pour une Adoption Sans Frontières a trouvé qu'il était nécessaire de faire le point sur la question du devenir à long terme des enfants adoptés et il a organisé en novembre 2008 un congrès sur la question en collaboration avec le Conseil général de

1. Par Jacques Chomilier.

Loire atlantique, qui a réuni pour la première fois les chercheurs européens dont les équipes se consacrent à cette thématique. Nous avons invité à notre congrès de Nantes (Chomilier et Duyme, 2009) des représentants de trois grands laboratoires européens spécialisés dans les études épidémiologiques, approches qui permettent rationnellement d'obtenir des différences pertinentes entre plusieurs groupes de populations. Nous allons passer en revue leurs principales conclusions et élargir à quelques autres groupes non français. Ce choix n'est en rien exhaustif et s'il est probable que la sélection des grands groupes n'est pas problématique, ceux qui n'ont pas été cités ne sont pas nécessairement insignifiants ni illégitimes.

2 Les pays scandinaves

2.1 La Suède

En Suède, environ 1 % des cohortes nées récemment ont fait l'expérience de plus de cinq ans de placement extra-familial ou de soins à domicile. Il est parfois estimé que le placement dans des familles financées pour cela n'est pas satisfaisant pour les enfants, car les statistiques montrent que ceux qui y sont soumis sont plus souvent sujets à des morts prématurées (Hjern *et al.*, 2004). La Suède est par ailleurs le pays du monde avec le plus fort taux d'adoptions transnationales, entre 1 et 1,5 % des naissances après 1965.

Anders Hjern et ses collègues ont publié en 2004 une étude pour comparer la mortalité évitable parmi les enfants placés dans une famille d'accueil ou bénéficiant d'un soutien éducatif régulier et celle des enfants définitivement placés dans une famille adoptive. À partir du registre national, on obtient une cohorte de quatre groupes, composés de 12 240 adoptés transnationaux, 6 437 enfants en placement extra-familial à long terme (7,7 ans de soins en moyenne), 15 868 enfants dans des familles où des mesures de soutien avaient déjà été apportées avant leur treizième année, et enfin le reste de la population.

☞

Il en résulte un risque relatif de suicide plus élevé dans le cas des adoptés, des enfants placés à long terme et aussi pour ceux bénéficiant de mesures d'accompagnement, indépendamment de leur âge ou de leur sexe. Pour les autres types de morts évitables, les enfants en placement à long terme ou bénéficiant de mesures d'accompagnement sont particulièrement exposés à ces risques, comparativement aux enfants adoptés ou au reste de la population. Le risque de décès plus élevé chez les enfants en placement à long terme comparé aux adoptés met en lumière la différence entre vivre de manière transitoire ou permanente dans une famille de substitution.

Les travaux américains et européens ont par ailleurs montré de manière consistante la surreprésentation des anciens enfants placés parmi les populations sans domicile fixe.

La Suède possédant un système de registres de la totalité de sa population, avec des données de type socio-économique et sanitaire, le groupe de Hjern l'a utilisé en prenant en compte les personnes nées entre 1970 et 1979 qui résidaient toujours en Suède en 1985 (Hjern *et al.*, 2002). Pour ce qui est des adoptés transnationaux, ils étaient pris en compte s'ils étaient arrivés en Suède avant leur septième année : leur nombre s'élevait à 11 380. Ils sont comparés aux résidents nés en Suède, soit plus de 800 000 personnes, qui constituaient le groupe de référence. En outre, un troisième groupe a été établi à partir des personnes nées hors de Suède (Asie et Amérique latine), arrivées en Suède avant 7 ans, mais dont la mère était elle-même née dans le continent dont elles étaient originaires : cela constituait ainsi un groupe d'immigrants venus en Suède avec leur famille. Les registres nationaux suédois de décès, d'hospitalisation ou de justice ont permis d'accéder à des informations liées à des problèmes de comportement tels que le suicide, l'abus de drogue ou d'alcool, les soins psychiatriques, les actes criminels ou délictuels, l'emprisonnement. Le niveau socio-économique, le lieu de résidence, le type de résidence, les antécédents psychiatriques dans la famille sont aussi des paramètres pris en compte dans cette étude.

De ce papier, on peut retenir comme résultat saillant que les adoptés appartiennent à des catégories socioprofessionnelles supérieures à la moyenne, et que leurs parents adoptifs présentent des déviances (usage de drogue ou d'alcool, maladies psychiatriques, criminalité)

☞

moins fréquentes que l'ensemble de la population. D'une manière générale, les indicateurs de santé mentale sont plus mauvais pour les adoptés que la référence, en particulier en ce qui concerne les suicides (leur propension au suicide est 3,6 fois plus forte que la population globale) et les admissions dans les hôpitaux psychiatriques. Les résultats en ce qui concerne l'inadaptation sociale dépendent fortement de l'âge. Contrairement à d'autres travaux, rien ne laisse croire dans cette étude que le seuil à partir duquel les familles adoptives feraient appel à des professionnels en cas de difficultés comportementales soit différent de celui des autres familles. Néanmoins, cet article montre que les parents adoptifs constituent un groupe plus « compétent » que les autres groupes parentaux. Une conclusion originale proposée par Hjern est que le groupe des enfants adoptés transnationaux présente des résultats plus ou moins comparables avec ceux des immigrants, avec des troubles de santé mentale plus importants, mais des inadaptations sociales plus faibles.

2.2 *La Norvège*

Sur les trente dernières années, environ 17 000 personnes en provenance d'un autre pays ont été adoptées en Norvège. Près de 1 % des enfants norvégiens ont été adoptés car ce petit pays réalise entre 800 et 900 adoptions internationales par an.

Une étude réalisée en 2002 a permis de comparer un tout petit nombre de familles adoptives (25 enfants adoptés) à un groupe de nourrices du domaine public ainsi qu'à des adoptés adultes (Rykkje, 2007). De cette démarche qualitative et non statistique, il ressort que les familles adoptives sont souvent confrontées à des difficultés d'attachement, des comportements extravertis, des questionnements au sujet des origines des parents biologiques et à la perspective de désolation devant la perte de la culture d'origine. Il apparaît que les enfants sont d'autant plus sécurisés sur la couleur de leur peau qu'ils sont âgés. Dans leur conclusion, les auteurs indiquent que les familles sont en grande partie laissées à elles-mêmes pour faire face aux difficultés rencontrées et qu'il leur manque un lieu pour chercher des conseils.

2.3 Le Danemark

Au Danemark, plus de 15 000 enfants nés à l'étranger ont été adoptés entre 1970 et 2007. Les registres publics mis en place à partir de 1968 enregistrent toutes les personnes vivant au Danemark avec un numéro unique, le numéro CRS (Civil Registration System). Leur consultation a permis de constituer un échantillon de 10 278 personnes adoptées à l'international, nées entre 1971 et 1991, sur le critère suivant : elles sont nées à l'étranger à un moment où leur mère légale vivait au Danemark (Cantor-Graae et Pedersen, 2007).

Par ailleurs, il existe un registre psychiatrique central qui contient des informations sur les visites psychiatriques de plusieurs millions de Danois. Ceci permet de former une cohorte de personnes atteintes de schizophrénie, selon les stipulations du système ICD (International Classification Diseases). Un total de plus d'un million de personnes a ainsi pu être suivi, parmi lesquelles 4 609 ont développé une schizophrénie, soit un taux légèrement inférieur à 0,5 %. Le risque est accru pour les enfants ayant fait l'objet d'une adoption à l'international puisque le risque relatif dans cette population est 2,9 fois plus élevé que pour l'ensemble des Danois. Pour les auteurs de cette étude, l'amplitude de cet écart est telle qu'elle ne saurait être attribuée au seul effet des complications obstétriques, et ils proposent comme facteur explicatif le fait que leur apparence physique les rend sujets à des préjugés sociaux et à de la discrimination.

3 Le Royaume-Uni

De manière étonnante, il y a peu d'études conduites par des démographes dans le champ de l'adoption internationale. Selman (2006), de l'université de Newcastle, est sans doute le plus connu parmi eux. Il s'attache, dans ses papiers, à mener des comparaisons entre pays d'accueil. Ce sont ses travaux qui ont permis d'estimer qu'en 1998, le nombre d'adoptions internationales réalisées tous pays confondus était de 32 000, soit une augmentation de 50 % par rapport à la décennie précédente (Selman, 2002). En Europe, contrairement à une vieille idée reçue, que l'on entend même sur les bancs du Parlement français, ce sont les pays scandinaves qui ont le plus fort taux d'adoption (il s'agit du nombre d'adoptions rapporté au nombre des naissances), bien supérieur à celui des USA puisqu'il était proche de 2 % pour la Suède en 1978. Les travaux de Selman ont le mérite de poser le problème des similitudes et différences entre adoption internationale et migration d'enfants, l'expression « migration tranquille » ayant été utilisée dès 1984 pour qualifier l'adoption transnationale.

3.1 L'étude ERA : les premiers résultats

Rutter est le psychiatre le plus cité au monde dans la littérature scientifique et il fut l'inventeur du concept de résilience appliqué à l'être humain, popularisé en France par Cyrulnik. Son équipe a particulièrement étudié l'attachement désinhibé, qui constitue une séquelle importante de la vie en orphelinat, pour laquelle la Roumanie du régime de Ceausescu fournissait un matériau de premier choix. En effet, à la chute de Ceausescu, un grand nombre d'enfants qui avaient connu des conditions extrêmement défavorables dans des institutions étatiques ont été adoptés et ont connu par la suite un environnement généralement au-dessus de la moyenne. Ceci a fourni une opportunité unique d'examiner les effets de privations précoces extrêmes sur le développement dans une population importante d'enfants. L'amélioration radicale de l'environnement, lorsque ces enfants sont confiés à l'adoption internationale, crée les conditions d'une amélioration de leurs capacités cognitives. Le cas de la Roumanie facilite les études car les enfants ont en général été placés très jeunes dans des institutions. Trois classes ont été constituées selon le temps passé en institution : moins de 6 mois, entre 6 et 24 mois et entre 24 et 43 mois. Le groupe de contrôle est né et adopté au Royaume-Uni avant d'avoir 6 mois.

Un groupe de 165 enfants adoptés en Roumanie par des Anglais avant l'âge de 42 mois entre 1990 et 1992 a été comparé à un groupe de 52 enfants adoptés au Royaume-Uni dans le cadre d'une adoption nationale. Il s'agit de l'étude ERA (English and Romanian Adoptees), dans laquelle une première comparaison entre les deux populations a été menée quand les enfants avaient 6 ans (Rutter *et al.*, 2001).

☞

Le fait que ces deux cohortes concernent des enfants adoptés permet de ne retenir, comme facteur explicatif des différences observées, que le paramètre de la présence en orphelinat, puisque le paramètre adoption est présent dans les deux groupes. Les quatre cinquièmes des enfants roumains avaient passé la plus grande partie de leur vie dans une institution, avec une admission dans la période néonatale, à l'âge moyen de moins de quinze jours.

Les conclusions sont claires : les problèmes d'attachement (approche sociale non discriminante, absence de conscience des frontières sociales, difficulté d'appréhension de ce qui est socialement acceptable par les autres), les déficits de l'attention et l'hyperactivité (dont la cause principale est attribuée à des privations psychologiques, plus qu'à des carences alimentaires), les troubles quasi autistiques et les difficultés d'apprentissage (que l'on constate parfois en dehors de difficultés dans les autres domaines, donc qui semblent relativement spécifiques de la privation liée à l'institution) sont associés avec les privations subies en milieu institutionnel car ils sont trouvés beaucoup plus fréquemment parmi les enfants nés en Roumanie que parmi ceux nés au Royaume-Uni. De plus le taux de difficultés augmente avec l'âge auquel les enfants ont quitté la Roumanie. En revanche, trois domaines ne présentent pas de différence statistique entre les deux populations : les difficultés d'ordre émotionnel, les relations avec les égaux et les problèmes de conduite. Ceci montre que les dommages durables, après une privation précoce dans un orphelinat, ne sont pas inévitables. Le degré de résilience est remarquable et on n'a pas observé d'augmentation globale des différentes formes de psychopathologies. Néanmoins, le fait que ces premières observations soient menées à l'âge de six ans incite à la prudence quant aux effets à long terme.

3.2 *L'étude ERA : persistance à six ans*

Par la suite, Beckett *et al.* (2002) se sont préoccupés de la persistance de comportements associés à une enfance passée en institution, en reprenant une cohorte de 144 enfants choisis aléatoirement à partir des 324 enfants roumains adoptés de l'étude ERA. En ce qui concerne l'échantillon de cette étude, pour qu'un enfant soit considéré comme ayant été institutionnalisé, il faut qu'il ait passé au moins deux semaines dans un orphelinat.

On a observé à l'arrivée de ces enfants en Angleterre des pratiques de balancements dans 47 % des cas, d'automutilation dans 24 %, ainsi que des problèmes d'alimentation. Ces pourcentages tombent respectivement à 18 % et 13 % à six ans. Le facteur principal qui affecte la prévalence et la persistance de ces comportements est la durée que l'enfant a passée en institution. Dans les institutions roumaines du début des années quatre-vingt-dix, les enfants restaient solitaires pendant de longues périodes avec un minimum de stimulation de quelque forme que ce soit, y compris au cours des activités qui nécessitent un contact. Par exemple, les enfants étaient nourris à partir de bouteilles fixées au lieu d'être tenus dans les bras. On suppose que ces conditions mènent à des comportements atypiques, y compris des difficultés d'alimentation.

Les résultats sont les suivants :

– Seulement 4 % de l'échantillon avaient passé un an ou plus avec leur famille avant d'être placés dans une telle institution. 47 % des enfants étaient sujets à des balancements quand ils ont rejoint leur famille. On a constaté que cette pratique était d'autant plus probable que la période de privation était importante. Après trois mois dans leur famille adoptive, ce taux diminue à 29 %, puis il atteint 18 % quand les enfants ont six ans ;

– En ce qui concerne les blessures auto-infligées, le plus souvent en se cognant la tête, en s'enfonçant les doigts dans les yeux ou en se mordant les poignets, elles sont d'autant plus prononcées que les enfants sont âgés quand ils rejoignent leurs familles ;

– 21 % des enfants adoptés présentent des difficultés prolongées pour apprendre à mâcher et à avaler de la nourriture solide. Ce comportement est plus important pour les enfants qui sont restés un an ou plus dans une institution. Cependant, les problèmes de nutrition n'ont pas été associés à des difficultés comportementales telles que l'autisme, l'attachement ou l'inattention.

En quantifiant ces comportements, l'équipe de Beckett a montré que le score global représentatif des difficultés était étroitement associé à l'âge auquel les enfants étaient arrivés au Royaume-Uni. D'une privation sensorielle et sociale temporaire peuvent résulter des troubles du comportement persistants, qui peuvent continuer longtemps après que l'enfant a été retiré de son environnement opposant initial. Bien que ces comportements s'atténuent rapidement, pour une minorité substantielle, ils peuvent continuer plusieurs années après l'arrivée dans la famille adoptive. La persistance du balancement ou de l'automutilation après six ans a été associée avec d'autres comportements anormaux, contrairement aux troubles de l'alimentation. Ces résultats mènent à l'impression générale qu'une privation initiale sévère a de larges implications sur les résultats comportementaux, sociaux et cognitifs. Néanmoins, il y a une récupération considérable, et parfois complète, même dans les cas les plus difficiles. Le facteur principal qui contribue au décalage des comportements est la durée de la privation.

3.3 L'étude ERA : conséquences des carences affectives précoces

Il est suggéré par l'équipe de Rutter une certaine forme de programmation biologique, ou de dommage neurologique, découlant de la privation liée à l'institution mais ces effets ne sont pas systématiques (Rutter et O'Connor, 2004) car trois types de mécanismes peuvent sous-tendre l'existence de séquelles à long terme provoquées par des expériences négatives précoces. Dans une première hypothèse, la persistance de ces effets est due à la continuité d'un environnement opposant, au moins aux yeux de l'intéressé. Ceci implique que les séquelles soient en grande partie réversibles si des changements suffisamment radicaux modifient l'environnement ; dans cette hypothèse, il ne devrait pas y avoir d'effet particulier lié à l'âge. Cette hypothèse était préférée par l'équipe de Rutter au début des années quatre-vingt. Une seconde possibilité est que la persistance des séquelles soit déterminée par le traitement cognitif et affectif des expériences vécues. Dans ce cas, les séquelles devraient être nettement moins marquées si les circonstances traumatisantes ont eu lieu à une période de la vie où un individu avait une capacité limitée à métaboliser des expériences et où l'amnésie des événements précoces est attendue. La troisième voie propose qu'un changement durable se soit produit sur la structure et la fonction somatiques sous l'effet d'un stress initial. Autrement dit, les trois modèles proposés sont : élastique, plastique ou rigide.

Dans ce papier, l'éclairage est mis sur les résultats psychologiques concernant l'altération cognitive et l'attachement désinhibé. L'échantillon est ici constitué de 144 enfants roumains et 52 enfants anglais de l'étude ERA. Les données indiquent que 15 % des adoptés d'origine roumaine souffrent de difficultés cognitives, alors que 2 % seulement sont concernés dans le groupe des adoptés nationaux. Ceci varie proportionnellement à la durée passée en institution. Il est à noter

☞

l'absence de déficit pour les enfants arrivés au Royaume-Uni avant d'avoir six mois. Après avoir restauré un environnement éducatif familial normal, on observe un degré remarquable de récupération. Néanmoins, des déficits substantiels peuvent persister après que les enfants ont été placés dans des familles adoptives fonctionnant bien. À leur arrivée au Royaume-Uni, la moitié des enfants roumains présentait un retard cognitif sévère et, à six ans, ils avaient souvent rattrapé la moyenne de la population anglaise ; mais ce rattrapage est resté faible pour la minorité de ceux qui étaient restés longtemps en institution (plus de deux ans) et pour ceux victimes de malnutrition. Aucune corrélation n'a pu être établie entre le fonctionnement cognitif et le niveau scolaire des parents adoptifs, contrairement aux travaux de Duyme portant sur des populations moins nettement sujettes à privation. D'un point de vue physiologique, le rattrapage est très important en ce qui concerne le poids obtenu à l'âge de six ans, mais il n'est pas aussi complet en ce qui concerne le tour de tête. Les exemples d'attachement désinhibé sont beaucoup plus fréquents chez les adoptés roumains et il ressort sur ce point une corrélation très étroite avec la durée passée en institution ; en revanche, ceci est sans relation avec l'âge mental, c'est-à-dire l'aptitude au traitement cognitif et affectif.

L'hétérogénéité des résultats est tout à fait surprenante en ce qui concerne une certaine forme d'effet de programmation (qui présuppose des effets universels et irréversibles) ou de dommage neurologique. Les différences individuelles dans le fonctionnement cognitif et social sont importantes parmi ceux qui ont connu les plus longs séjours en institution et trois aspects sont surprenants : 1) l'étendue des variations, étant donné l'extraordinaire sévérité de la privation dans les orphelinats ; 2) la minorité significative d'enfants qui ont subi les privations les plus longues mais ne présentent néanmoins pas de déficit mesurable ; 3) la fréquence relative de quasi-normalité étant donné les prédictions des concepts de programmation. Doit-on alors rejeter le concept de programmation ? Pas nécessairement, mais ses effets pourraient être moins absolus et moins fixes que ce que l'on suppose d'habitude. D'où proviennent alors les différences, ont-elles un rapport avec la privation subie ou sont-elles l'expression de modulations de cette privation ? Les données actuelles ne permettent pas de répondre à ces questions, mais on ne peut écarter la possibilité de dommages cérébraux. On peut conclure qu'être élevé dans une institution n'a pas d'effet négatif en tant que tel sur le développement cognitif. L'effet nocif semble provenir de la combinaison d'une vie en institution et d'interactions humaines sévères et restreintes, que ce soit dans les jeux, la conversation et la vie courante.

3.4 L'étude ERA : à l'adolescence

L'équipe de Rutter a poursuivi dans le temps ses investigations pour savoir si les effets de la privation sévère précoce en orphelinat sur les apprentissages persistaient une fois entré dans l'adolescence (Beckett *et al.*, 2006). Elle était en particulier intéressée de savoir si les déficits initiaux proviennent de la malnutrition ou de l'adversité sociale et si les gains constatés trouvent leur cause dans une meilleure alimentation ou dans des circonstances sociales améliorées par l'adoption dans une famille. L'étude dont il s'agit s'intéresse aux performances cognitives à l'âge de 11 ans et en particulier aux liens entre la durée de la privation et le QI. Les auteurs souhaitaient savoir si les effets d'une privation précoce persistaient au début de l'adolescence, s'il y avait eu un rattrapage significatif entre 6 et 11 ans et quels étaient les facteurs qui affectaient les résultats cognitifs.

L'échantillon roumain est constitué à partir de 128 enfants du groupe ERA capables ou volontaires pour passer les tests. L'environnement social des parents est aussi évalué, en termes de capacité cognitive, ainsi que leur niveau de formation. L'âge auquel les enfants sont arrivés en Angleterre est considéré comme un évaluateur de la durée de privation subie. Contrairement aux résultats à six ans, il n'y a pas de différence entre les deux groupes les plus âgés à l'arrivée. On constate un rattrapage significatif de QI pour les enfants adoptés tardivement, mais pas pour les autres groupes et ce rattrapage semble en fait dépendre de la sévérité de l'altération à l'âge de 6 ans.

Le rattrapage le plus spectaculaire a lieu pour les enfants qui sont dans le groupe le plus déficient à 6 ans. Cette observation a conduit Beckett et ses collègues à supprimer de leur corrélation les 15 % qui avaient subi les privations les plus sévères. Le résultat est très clair : il n'y a plus de corrélation entre l'effet de la privation institutionnelle et les difficultés cognitives. C'est le degré d'altération à 6 ans, plutôt que l'âge à l'arrivée, qui permet de prédire le rattrapage, les plus sévèrement touchés connaissant le plus fort rattrapage. Les enfants avec un déficit intellectuel marqué à 6 ans continuent de présenter un déficit à 11 ans. La fenêtre d'opportunité pour les gains intellectuels postérieurs à l'adoption semble supérieure à ce que l'on pouvait entrevoir à 6 ans. Les limites en sont claires mais le développement cérébral continue néanmoins à l'adolescence. La fréquentation de l'école ne produit pas d'augmentation globale du QI. En ce qui concerne les parents, aucune corrélation n'a été établie entre leur capacité cognitive ou leur

☞

niveau scolaire et le QI des enfants nés roumains. La malnutrition n'a pas non plus d'effet sur le QI à 11 ans, ce qui montre que le pouvoir de la privation psychologique est indépendant de celui de la privation physique pour créer un risque de difficultés d'apprentissage. En conclusion, à 6 ans, les enfants adoptés en Roumanie présentent un retard de 15 points de QI dès lors qu'ils ont eu plus de 6 mois de privation en institution, que ce soit par rapport à ceux restés moins de six mois en Roumanie ou à ceux nés en Angleterre et quelques effets de la privation institutionnelle peuvent persister jusqu'à 11 ans pour les enfants les plus marqués.

Le groupe des enfants adoptés en Roumanie a également permis d'étudier les effets des privations précoces sur l'acquisition du langage (Croft *et al.*, 2007). Il semblerait que les enfants puissent développer des capacités cognitives et de langage dans la norme, malgré une privation précoce profonde, s'ils sont par la suite élevés dans un environnement favorable. La possibilité d'une période sensible pourrait être examinée en déterminant s'il existe un âge au-delà duquel le langage ne peut pas se développer. Par ailleurs, les enfants de l'échantillon ne possédaient pas un usage minimal de la langue roumaine et trois modèles peuvent être posés quant à leur effet : le besoin de passer du roumain à l'anglais peut constituer un handicap supplémentaire qui ralentit les progrès ; l'acquisition d'un minimum de langage peut être le signe d'une privation moindre au plan individuel ; le langage peut être un indicateur de la réserve de capacité cognitive.

De ces considérations, on peut émettre quatre hypothèses :

– l'aptitude au langage pourrait être moins affectée par un environnement défavorable que d'autres aptitudes ;

– l'acquisition du langage pourrait montrer un seuil de récupération tel qu'elle soit complète si le séjour en orphelinat a été limité dans le temps ;

– la maîtrise du roumain va retarder ou empêcher la récupération du langage ;

– les différences individuelles dans les capacités résultent de variations des qualités éducatives des familles adoptives.

L'échantillon porte sur 165 enfants roumains de l'étude ERA. Le niveau de maîtrise de la langue est évalué à l'arrivée au Royaume-Uni, ainsi qu'à 6 et 11 ans. À 11 ans les capacités d'écriture sont évaluées. Il en résulte un recouvrement très fort entre les scores cognitifs verbal et non verbal. L'effet de la durée du séjour en orphelinat amène à quatre découvertes : les enfants qui ont séjourné moins de six mois en institution ont des performances semblables à celles des adoptés nés au Royaume-Uni ; des déficits significatifs sont évidents pour les enfants restés plus de six mois à l'orphelinat ; à l'exception des scores verbaux, il n'y a pas de différences significatives entre les enfants restés longtemps (plus de 42 mois) ou moyennement longtemps (entre 6 et 24 mois) ; les différences trouvées à 6 ans sur le QI verbal entre les groupes restés entre 6 et 24 mois ou au-delà disparaissent à 11 ans. La récupération du langage est plus difficile pour les enfants ayant séjourné plus de six mois en institution que pour ceux qui y sont peu restés. Une capacité minimale à maîtriser le langage se trouve significativement, bien que modérément, plus souvent parmi les enfants les plus âgés lors de leur arrivée en Angleterre. On peut en déduire qu'un langage minimal à l'arrivée dans le pays d'accueil est une sorte de mesure de la capacité cognitive. L'influence de la famille adoptive est très faible, en revanche la corrélation devient significative pour les adoptés anglais n'ayant pas connu le passage par une institution.

En conclusion, les effets d'une privation institutionnelle sur le langage et les apprentissages étaient globalement semblables. À 6 ans, les effets d'une privation en institution sont faibles si la présence en orphelinat se termine avant l'âge de six mois mais, pour un séjour prolongé, les effets sont non linéaires. De manière étonnante, il n'y a pas de variation dans le fonctionnement cognitif ou du langage selon les différences de durée de privation entre 6 et 42 mois. La grande majorité des enfants ne maîtrisant pas le langage à la sortie de l'institution avait acquis à 11 ans des capacités cognitives et de langage dans la norme. Cependant la moyenne s'établit en dessous de celle des enfants adoptés qui n'ont pas connu d'orphelinat. Les différences dans le fonctionnement ne sont pas reliées au niveau éducatif des parents adoptifs.

Le projet ERA a également permis d'étudier la relation entre une privation institutionnelle précoce et le niveau scolaire atteint à 11 ans en comparant 127 enfants adoptés dans des institutions roumaines à 49 enfants adoptés au Royaume-Uni sans passé institutionnel (Beckett *et al.*, 2007). Comme résultat, il a été montré à six ans une association significative entre le QI et les scores obtenus pour les enfants qui ont passé plus de six mois en état de privation dans une institution, mais à 11 ans cette corrélation disparaît. À 11 ans, la durée de la privation ne présente pas de corrélation avec la compréhension en lecture, alors qu'elle est modestement corrélée avec le raisonnement mathématique. À cet âge, la différence dans les scores mathématiques est plus grande que la différence en QI entre les enfants de plus de 24 mois à l'arrivée et l'échantillon du Royaume-Uni. L'échantillon roumain a des scores significativement plus déviants à la fois en termes d'inattention/hyperactivité et dans les autres aires de psychopathologie, s'ils ont passé au moins six mois en orphelinat, comparés à ceux qui ont passé moins de six mois en orphelinat ou bien à ceux de l'échantillon du Royaume-Uni. Les enfants roumains de plus de six mois ont statistiquement plus de chances que les adoptés du pays d'origine ou que ceux adoptés plus jeunes en Roumanie de présenter des psychopathologies multiples, 21 % contre 8 %. En analysant les associations entre scores cognitifs et difficultés comportementales il ressort que le QI prend en compte 48 % de la variance en ce qui concerne les bases de la lecture.

Cinq résultats principaux sont à porter à l'acquis de cette étude. Premièrement, l'écart dans les différences de QI et de niveau scolaire obtenu pour les enfants roumains qui ont subi au moins six mois de vie en orphelinat est à peu près le même que pour le groupe de comparaison. Deuxièmement, en ce qui concerne les résultats cognitifs et scolaires à 11 ans, il n'y a pas d'effet significatif du niveau d'éducation ou du QI des parents adoptifs. Ceci est surprenant et les auteurs avancent deux hypothèses : la qualité de l'éducation dans la famille adoptive d'une part, et le fait qu'une privation précoce puisse exercer des effets plus de sept ans après que l'enfant a quitté l'orphelinat d'autre part. Troisièmement, les différences dans les résultats scolaires sont largement causées par le QI et, à un moindre degré, par l'inattention/hyperactivité. Quatrièmement, après avoir pris en compte le QI et l'inattention/hyperactivité, il reste une légère différence dans le niveau scolaire entre groupes. Cinquièmement, à la fois pour le QI et le non-scolaire, le principal effet d'une institutionnalisation est déjà présent après six mois ou plus, et il n'y a pas d'effet de réponse proportionnelle à la dose pour les enfants qui ont passé entre 6 et 42 mois à l'orphelinat.

Cette étude suggère qu'une carence due à un séjour de moins de six mois dans une institution ne produit pas d'effet. En moyenne, les enfants élevés en institution présentent un déficit scolaire en lecture et en compréhension orale comparable en intensité au déficit en QI. En conclusion, on observe des effets continus de la privation institutionnelle profonde sur les scores obtenus par les enfants adoptés en Roumanie, qui concernent principalement leurs capacités cognitives, avec un rôle mineur lié à l'attachement/hyperactivité. Les enfants ayant passé plus de six mois en institution sont plus affectés que ceux qui sont restés moins de six mois, mais un séjour au-delà des six mois est sans effet additionnel Cette étude suggère qu'une carence due à un séjour de moins de six mois dans une institution ne produit pas d'effet. En moyenne, les enfants élevés en institution présentent un déficit scolaire en lecture et en compréhension orale comparable en intensité au déficit en QI. En conclusion, on observe des effets continus de la privation institutionnelle profonde sur les scores obtenus par les enfants adoptés en Roumanie, qui concernent principalement leurs capacités cognitives, avec un rôle mineur lié à l'attachement/hyperactivité. Les enfants ayant passé plus de six mois en institution sont plus affectés que ceux qui sont restés moins de six mois, mais un séjour au-delà des six mois est sans effet additionnel.

4 Les Pays-Bas

4.1 Le groupe de Rotterdam

Aux Pays-Bas, les adoptions internationales représentent à peu près 0,6 % des naissances annuelles depuis la fin des années soixante. L'équipe de Frank Verhulst, à Rotterdam, avait remarqué que les caractéristiques des échantillons ainsi que la diversité des méthodes dans les différentes études publiées dans la littérature sur la santé mentale des adoptés rendaient difficile de tirer des conclusions solides.

Pour y voir plus clair, ils ont comparé, dans une publication de 1990, un groupe de 2 148 adoptés transnationaux âgés de 10 à 15 ans à 933 enfants de même âge dans l'ensemble de la population (Verhulst *et al.*, 1990*a*). Les adoptions étaient toutes extra-familiales et avaient eu lieu entre le 1er janvier 1972 et le 31 décembre 1975. La sélection a été opérée à partir du registre central des adoptions du ministère néerlandais de la Justice. Le taux de réponses obtenues fut de 65 % des parents auxquels le questionnaire avait été adressé par courrier. L'âge à l'adoption s'étalait de quelques jours à dix ans. La catégorie socioprofessionnelle des parents d'enfants adoptés était affectée d'un score moyen de 4,6 (avec un écart type de 1,4) sur une échelle de 6, supérieur à la moyenne de l'échantillon de la population générale (3,54 avec un écart type de 1,56). Les principaux pays d'origine étaient la Corée, la Colombie, l'Inde et l'Indonésie. La population de référence fut choisie par tirage au sort sur les registres municipaux d'une des provinces des Pays-Bas.

Il ressort de cette étude que les enfants adoptés ont des scores indicateurs de problèmes plus élevés que ceux de la population de référence, et que l'écart à la moyenne est plus important pour les garçons que pour les filles. L'écart à la norme a pu être attribué à un petit groupe d'enfants aux scores extrêmement élevés. Si on les retire de l'échantillon, les deux distributions des scores de problèmes sont alors dans la même fourchette. Les problèmes s'accroissent avec l'âge, les auteurs ayant proposé deux classes, les 10-11 ans d'une part (16 % sont dans le dernier décile) et les 12-15 ans d'autre part (23 % sont dans le dernier décile). Pour ces derniers, les scores les plus élevés concernent la délinquance (9 % contre 2,3 % parmi les non-adoptés chez les garçons), l'hyperactivité (trois fois plus fréquente chez les adoptés que dans la population de référence) et l'externalisation. Pour les filles de 12 à 15 ans, l'écart le plus significatif à la norme se produit pour les comportements schizoïdes (7,1 % contre 2,2 %). La proportion d'enfants placés dans des écoles spéciales est plus forte que pour les non-adoptés (13,2 % contre 4,4 %).

En ce qui concerne les scores de compétence, les enfants non adoptés sont jugés par leurs parents mieux adaptés socialement et avec des performances académiques meilleures que les adoptés. En revanche les adoptés semblent plus habiles en sport et plus participatifs dans des activités diverses. Un effet inattendu a été mis en évidence : les scores de compétence sont plus élevés pour les enfants élevés dans des familles à statut socio-économique faible, ce qui est une observation opposée à celle de la population de référence. Les auteurs sont néanmoins prudents quant à la production d'un objet social que l'on nommerait « l' » enfant adopté et toute généralisation leur semble assez hasardeuse.

Dans un second article, le groupe de Rotterdam analyse l'effet de l'âge de l'adoption sur les problèmes de comportements (Verhulst *et al.*, 1990*b*). Il ressort que le pourcentage d'enfants dont le score est au-dessus d'un seuil fixé au dernier décile augmente avec l'âge auquel ils ont été adoptés. En ce qui concerne les compétences, on observe que plus l'enfant est adopté tardivement, plus le score scolaire est faible.

Il manque clairement un paramètre dans cette étude qui date d'une vingtaine d'années. Aujourd'hui, on prendrait vraisemblablement en compte la durée pendant laquelle les enfants sont restés en institution, ce que certains auteurs nomment la durée de latence (entre la remise de l'enfant en vue d'adoption et l'arrivée dans la famille adoptive) (Vinay, 2003).

Les troubles psychiatriques ont été abordés par l'équipe de Verhulst chez les jeunes adultes (Tieman *et al.*, 2005), en comparant 1 484 adoptés transnationaux nés entre 1972 et 1975, à 695 jeunes non adoptés de même âge. Cette étude, menée de 1999 à 2002, reprend la cohorte de leur première étude publiée en 1990. Globalement, les jeunes adultes adoptés présentent de sérieux problèmes de santé mentale dans une proportion qui est entre 1,5 et 4 fois supérieure à la population de référence, en particulier en ce qui concerne l'anxiété, les troubles de l'humeur et l'abus de substances. Bien que les méthodes soient différentes, ceci confirme les résultats du groupe suédois (Hjern *et al.*, 2002). La différence des sexes est sensible en ce qui concerne les troubles de l'humeur, qui affectent seulement les hommes, et les auteurs ne pensent pas pouvoir l'expliquer par le fait d'une plus grande vulnérabilité masculine aux expériences négatives précoces (âge lors du placement, négligence, abus...). Les mécanismes qui conduisent à la dépression féminine ne semblent ainsi pas être les mêmes que ceux de la dépression masculine. Les adoptés dans des familles de statut social élevé ont un risque psychiatrique plus important que les non-adoptés vivant dans des milieux identiques, ce qui pourrait être attribué à des attentes et à des exigences plus fortes dans les catégories socioprofessionnelles les plus favorisées. Il ne faut néanmoins pas perdre de vue que la majorité des adoptés transnationaux ne présentent pas de problème de santé mentale et, « pour les enfants qui n'ont pas de foyer permanent satisfaisant dans leur pays d'origine, l'adoption internationale est une bonne alternative ». Contrairement à ce qui avait été observé à l'adolescence (Hofstra *et al.*, 2001), on ne note pas de prévalence particulière de conduite délinquante ou antisociale.

Récemment, le groupe de Rotterdam a comparé le fonctionnement des adoptés transnationaux devenus de jeunes adultes au reste de la population (Tieman *et al.*, 2006). Ils reprennent la cohorte de l'étude longitudinale de 1986 avec 3 519 enfants nés entre 1972 et 1975, donc tous devenus adultes au début des années 2000. Parmi les résultats, retenons que les adoptés ont une probabilité de se marier ou de vivre avec un partenaire près de deux fois plus faible que les non-adoptés ; les probabilités de vivre avec leurs parents, d'avoir des enfants sont identiques dans les deux populations. Le niveau d'éducation est significativement plus faible pour les hommes adoptés que la moyenne, alors qu'aucune différence n'est visible parmi les femmes. Il convient de rappeler qu'au début de l'adolescence, les résultats académiques des adoptés étaient plus faibles que ceux des non-adoptés. On peut donc estimer que ce désavantage ne perdure pas car les qualifications professionnelles sont identiques dans les deux populations. Les adoptés fonctionnent mieux que la population de référence dans trois registres : l'estime de soi, la relation au partenaire et les relations amicales. En revanche en ce qui concerne les relations avec les parents ou les frères et sœurs, ils fonctionnent moins bien. Malgré tout, les écarts entre adoptés et non-adoptés restent faibles, et l'adoption n'explique qu'une petite partie de la différence entre les sujets.

4.2 Le groupe de Leiden

Le centre des études de la famille et de l'enfant de l'université de Leiden dispose depuis 2000 d'une chaire des études sur l'adoption. Ce groupe, dont les membres les plus connus sont Femmie Juffer et Marinus van IJzendoorn, a effectué plusieurs méta-analyses de la littérature consacrée aux effets de l'adoption internationale sur le comportement et la santé mentale. Dans une première étude de 2003 (Bimmel *et al.*, 2003), les problèmes du comportement sont passés en revue à partir de dix articles dans lesquels 2 317 adoptés transnationaux sont comparés à 14 345 adolescents non adoptés. Bien que les différences soient faibles, il est noté une propension plus forte des adoptés à rencontrer des problèmes de comportement que les non-adoptés, mais ceci ne concerne que les troubles externalisés. De plus les filles semblent plus affectées par ce biais que les garçons, ce qui ne sera pas confirmé dans les études ultérieures de ce groupe.

De ce papier, il résulte que les adolescents adoptés à l'international présentent des troubles du comportement en quantité légèrement supérieure aux adolescents non adoptés et lorsque l'on sépare les sexes, ceci serait dû essentiellement aux filles, pour des problèmes externalisés. En fait ces différences sont faibles et pour l'essentiel dues à des cas cliniques. Par ailleurs, le poids de l'étude du groupe de Rotterdam est important dans cette méta-analyse, ce qui peut être une source de biais statistique.

Dans une seconde étude, cette même équipe a analysé 48 publications comparant les QI et 55 autres les performances scolaires entre adoptés et non-adoptés, en particulier avec les enfants qui sont restés dans les institutions (van IJzendoorn *et al.*, 2005). Dans cette méta-analyse, en se fondant sur la théorie du risque cumulatif et des facteurs de protection, il est postulé que soient associés à un retard cognitif des enfants adoptés 1) l'âge à l'adoption, 2) les privations graves avant l'adoption (malnutrition, négligence, abus), 3) l'âge au moment de l'évaluation. Les enfants adoptés ont des scores de QI plus élevés que leurs pairs restés dans des institutions, mais de même ordre que ceux de leurs pairs partageant le même environnement. Leurs résultats scolaires sont également supérieurs à ceux restés en institution, mais ils ne réussissent pas à rattraper complètement leurs pairs de mêmes conditions environnementales ; le décalage est significatif. Les adoptés connaissent davantage de problèmes d'apprentissage et il leur est souvent proposé un traitement particulier. L'âge à l'adoption ainsi que l'histoire avant l'adoption semblent être des facteurs forts pour les capacités scolaires. Une perte non résolue est associée avec des intrusions et des ruminations qui limitent la capacité de se concentrer sur des tâches à portée de main. Dans un petit nombre de cas, les résultats scolaires n'atteignent pas le niveau espéré parce que les problèmes socio-émotionnels reliés à leur état adoptif diminuent leur capacité de concentration sur les travaux scolaires. L'âge au moment de l'étude ne semble pas être un facteur déterminant pour le QI, néanmoins dans les échantillons adultes, une grande différence de QI est trouvée entre les adoptés et les autres. Les auteurs qui se sont risqués à commenter cela ont estimé qu'avec l'âge, la similitude avec les parents adoptifs diminue et celle avec les parents de naissance augmente. Il s'agit de tenants de l'« héréditarisme » qui s'attachent à des analyses corrélationnelles et non pas expérimentales. La différence de ces approches est importante car une corrélation est un paramètre de population et non pas un indicateur individuel (Duyme, communication privée). Une adoption précoce ne paraît pas être un facteur protecteur, que ce soit pour la réussite scolaire ou pour les capacités cognitives. En résumé, trois conclusions sont tirées de cette étude : 1) le changement radical d'environnement produit par l'adoption peut améliorer le développement cognitif, ce qui est une démonstration de la résilience ; 2) les adoptés ne rattrapent pas complètement les performances scolaires de leurs pairs non adoptés ; 3) pour un petit nombre de cas, le pourcentage d'enfants qui ont besoin d'un programme éducatif spécial est le double pour les adoptés que pour les non-adoptés.

Dans une troisième méta-analyse, le groupe de Leiden a repris l'ensemble des publications entre 1950 et 2005 consacrées aux problèmes mentaux, à condition qu'elles comprennent suffisamment de données permettant de quantifier les différences entre adoptés et non-adoptés (Juffer et van IJzendoorn, 2005). La synthèse des données indique que les adoptés présentent des problèmes comportementaux plus nombreux que les autres, et tout particulièrement dans les cas d'adoptions internationales ayant subi une forte adversité dans la phase pré-adoptive. Pour l'ensemble des troubles du comportement, ils se produisent dans la plupart des cas de 4 à 18 ans, et ils deviennent très faibles, de l'ordre de 4 %, au-delà de 18 ans. Les troubles du comportement semblent ainsi se produire plus tôt, à la pré-adolescence, parmi les adoptés transnationaux, que dans la population de référence. Plus le séjour est long dans la famille adoptive, moins les troubles du comportement sont importants. Les adoptés fréquentent plus souvent les services de santé mentale que les non-adoptés, mais les adoptés transnationaux moins que les adoptés intra-nationaux. Il est indiqué que ces différences ne concernent que de petits nombres de cas, le taux de problèmes étant modeste, ce qui indique un bon ajustement des adoptés transnationaux dans la plupart des cas. Ce point a particulièrement surpris les auteurs de cette étude, contraire aux croyances populaires.

Une hypothèse est formulée : le fait qu'une adoption transnationale soit le plus souvent très visible rend son secret impensable et favorise la communication et la confiance au sein de la famille. De plus, ces familles subissent un filtrage et reçoivent quelque préparation qui peut favoriser leur aptitude potentielle. Ces résultats positifs sont mis sur le compte des familles adoptives, fortement motivées dans les adoptions internationales, et bénéficiant d'opportunités importantes pour s'investir dans le développement de leurs enfants car elles sont souvent issues de catégories socioprofessionnelles favorisées. Le seuil à partir duquel les familles font appel à des professionnels en cas de problèmes pourrait être plus bas pour les familles adoptives que pour les autres. Nous avons déjà vu que l'équipe de Hjern ne s'inscrit pas dans cette hypothèse. Il se pourrait aussi que le milieu scolaire soit plus enclin à rapporter des troubles du comportement dans les cas d'enfants connus pour avoir été adoptés. Le fait que les problèmes semblent plus nombreux dans les familles nord-américaines reste pour l'instant sans explication. Enfin, remarquons qu'un paramètre ne semble pas ressortir de cette méta-analyse dans le développement de problèmes comportementaux : l'âge à l'adoption.

Ce groupe s'est également intéressé à l'attachement entre la mère et l'enfant et au développement moteur et cognitif après une adoption internationale (van Londen *et al.*, 2007). La distribution de l'attachement, qu'il soit sécurisé ou non, est la même pour les adoptés que pour le groupe de contrôle. En revanche leur attachement est plus désorganisé, et le lien est fait avec le score plus faible en terme de développement mental ou psychomoteur. Un accueil temporaire dans une famille du pays d'origine avant l'adoption présente une relation avec des scores de développement plus élevés, qu'il s'agisse du mental ou du psychomoteur.

5 L'Europe du Sud

5.1 L'Italie

La problématique de l'adoption internationale en Italie est intéressante dans la mesure où elle ne se produit pas, contrairement aux pays du Nord de l'Europe ou aux USA, dans un pays habitué à une immigration de ressortissants de pays non membres de l'Union européenne. À cause de son entrée tardive dans le champ de l'adoption internationale, ce pays a peu contribué au niveau mondial à la publication de recherches dans le domaine de l'adoption internationale, en dehors de recommandations à destination des pédiatres (Cataldo *et al.*, 2006 ; Cataldo et Viviano, 2007).

On peut néanmoins citer quelques papiers, en particulier en ce qui concerne la communication entre parents et enfants selon qu'il s'agit d'une famille adoptive à l'international, séparée ou ni séparée ni adoptive (Lanz *et al.*, 1999). Au travers de la communication, les parents et les enfants renégocient leurs rôles et leurs relations, et ces dernières sont connues pour avoir une incidence sur l'estime de soi des adolescents.

Une cohorte de 450 adolescents entre 11 et 18 ans a participé à cette étude à la répartition à peu près équilibrée entre les adoptés, les séparés et ceux qui ne sont ni séparés ni adoptés. Il résulte que la communication avec les parents est la meilleure dans le groupe des adoptés, et que la communication la plus difficile a lieu dans les familles séparées. Ce sont les pères adoptifs qui sont perçus comme les plus proches par leurs enfants. Il y a un effet d'âge notable, la communication étant la meilleure quand les enfants sont les plus jeunes. Par ailleurs les enfants adoptés (et les filles plus encore que les garçons) ont une estime d'eux-mêmes significativement plus faible que les deux autres groupes. Il n'y a donc pas, dans le groupe des adoptés, de corrélation positive entre la communication avec les parents, et l'estime de soi, contrairement au groupe de référence.

Ici encore, la possibilité d'une différence de nationalité qui influencerait le regard des pairs, très importante dans la construction de l'identité, est évoquée.

5.2 *L'Espagne*

Il est probable que le chercheur le plus connu parmi les Espagnols soit Jesus Palacios, professeur de psychologie du développement à l'université de Séville, qui a travaillé aux USA avec David Brodzinsky, et plus récemment au Royaume-Uni. Ses centres d'intérêts sont essentiellement l'impact sur les enfants et les familles de l'adoption et de l'accueil. Il a commenté les changements récents survenus en Espagne dans le domaine de l'adoption, pays qui s'est rapproché des pratiques des autres pays européens par des interventions législatives en 1987 et 1996 (Palacios et Amoros, 2006). Un changement dans les représentations sociales s'est aussi produit, en particulier pour ce qui concerne le secret entourant l'adoption. Du fait d'une combinaison d'un taux de natalité très faible (il passe de 2,8 enfants par femme en 1975 à 1,2 en 2002), d'une ouverture des circonstances dans lesquelles l'adoption est autorisée, de programmes de soutien aux familles et d'une plus large tolérance vis-à-vis des mères célibataires, l'adoption nationale ne concerne que peu d'enfants, ce qui provoque un bouleversement dans la démographie adoptive de ce pays en une décennie.

Commençant tard dans le domaine de l'adoption internationale, l'Espagne va rapidement mettre en place des procédures de préparation des parents adoptifs.

> Palacios a récemment participé à un papier intéressant sur la comparaison entre les adoptés en Italie et en Espagne (Barni *et al.*, 2008) qui porte sur un échantillon de 127 enfants adoptés en Italie et 80 en Espagne, âgés de 6 à 14 ans. Il semblerait qu'il y ait une légère augmentation des difficultés internalisées des enfants nés en Amérique latine quand ils sont élevés en Italie. En ce qui concerne le niveau de retrait et la dépression, il est plus fort pour les filles adoptées en Italie que pour celles adoptées en Espagne. Au total, il ressort que les problèmes rapportés par les parents présentent davantage de similitudes que de différences. L'âge du placement a une influence significative quel que soit le pays.

6 Conclusion

Après ce parcours volontairement limité aux publications scientifiques européennes (et non françaises) récentes, il est clair que l'on dispose d'une littérature riche, abondante, de qualité, sur le devenir des enfants qui ont connu une adoption transnationale. On ne peut que former le vœu que les spécialistes français du domaine, réels ou prétendus, en prennent conscience. Cette modeste revue a pour ambition de donner un aperçu des enjeux scientifiques, des réponses acquises, et n'est bien évidemment, comme dans toute science en marche, pas exempte de contradictions parmi les conclusions des différents travaux qui ont été présentés.

Bibliographie conseillée

BARNI D., LÉON E., ROSNATI R., PALACIO J. (2008). « Behavioral and socioemotional adjustment in international adoptees : A comparison between Italian and Spanish adoptive parent's reports », *Adoption Quaterly, 11*, 235-254.

BECKETT C., MAUGHAN B., RUTTER M., COLVERT E., GROOTHUES C., KREPPNER J.,

STEVENS S., O'CONNOR T., SONUGA-BARKE E. (2006). « Do the effects of early severe deprivation on cognition persist into early adolescence ? Findings from the english and romanian adoptees study », *Child Development*, *77*, 696-711.

BECKETT C., MAUGHAN B., RUTTER M., CASTLE J., COLVERT E., GROOTHUES C., HAWKINS A., KREPPNER J., O'CONNOR T., STEVENS S. *ET AL.* (2007). « Scholastic attainement following severe early institutional deprivation : a study of children adopted from Romania », *J. Abnorm. Child Psychol.*, *35*, 1063-1073.

BIMMEL N., JUFFER F., VAN IJZENDOORN M., BAKERMANS-KRANENBURG M. (2003). « Problem behavior of internationally adopted adolescents : A review and meta analysis », *Harv. Rev. Psychiatry*, *11*, 64-77.

CANTOR-GRAAE E., PEDERSEN C. B. (2007). « Risk for schizophrenia in intercountry adoptees : A Danish population-based cohort study », *J. Child Psychol. Psychiatry*, *48*(11), 1053-1060.

CATALDO F., ACCOMANDO S., PORCARI V. (2006). « Internationally adopted children : A new challenge for pediatricians », *Minerva Pediatr.*, *58*, 55-62.

CATALDO F., VIVIANO E. (2007). « Health problems of internationally adopted children », *Ital. J. Pediatr.*, *33*, 92-99.

CHOMILIER J., DUYME M. (2009). *Adoption: un lien pour la vie, Marseille, Éditions Solal, coll. « Résilience ».*

CROFT C., BECKETT C., RUTTER M., CASTLE J., COLVERT E., GROOTHUES C., HAWKINS A., KREPPNER J., STEVENS S., SONUGA-BARKE E. (2007). « Early adolescent outcomes for institutionally deprived and non deprieved adoptees. II : Language as a protective factor and a vulnerable outcome », *J. Child Psychol. Psychiat.*, *48*, 31-44.

HJERN A., LINDBLAD F., VINNERLJUNG B. (2002). « Suicide, psychiatric illness, and social maladjustment in intercountry adoptees in Sweden : A cohort study », *Lancet*, *360*(9331), 443-448.

HJERN A., VINNERLJUNG B., LINDBLAD F. (2004). « Avoidable mortality among child welfare recipients and intercountry adoptees : A national cohort study », *J. Epidemio.l Community Health*, *58*(5), 412-417.

HOFSTRA M., VAN DER ENDE J., VERHULST, F. (2001). « Adolescent's self reported problems as predictors of psychopathology in adulthood : 10 year follow up study », *British J. Psychiatry*, *179*, 203-209.

JUFFER F., VAN IJZENDOORN M. (2005). « Behavior problems and mental health referrals of international adoptees », *JAMA*, *293*, 2501-2515.

LANZ M., IAFRATE R., ROSNATI R., SCABINI E. (1999). « Parent child communication and adolescent self esteem in separated, intercountry adoptive and intact non adoptive families », *J. Adolescence, 22*, 785-794.

PALACIOS J., AMOROS P. (2006). « Recent changes in adoption and fostering in Spain », *British J. Social Work, 36*, 921-935.

RUTTER M., KREPPNER J., O'CONNOR T. (2001). « Specificity and heterogeneity in children's responses to profound institutional privation », *British J. Psychiatry, 179*, 97-103.

RUTTER M., O'CONNOR T. (2004). « Are there biological programming effects for psychological development ? Findings from a study of Romanian adoptees », *Developmental Psychology*, *40*, p. 81-94.

RYKKJE L. (2007). « Intercountry adoption and nursing care », *Scand. J. Caring Sci., 21*(4), 507-514.

SELMAN P. (2002). « Intercountry adoption in the new millennium : the quiet migration revisited », *Population Research and Policy Review, 21*, 205-225.

SELMAN P. (2006). « Trends in intercountry adoption : Analysis of data from 20 receiving countries, 1998-2004 », *J. Popul. Res., 23*, 183-204.

TIEMAN W., VAN DER ENDE J., VERHULST F. (2005). « Psychiatric disorders in young adult intercountry adoptees : An epidemiological study », *Am. J. Psychiatry, 162*, 592-598.

TIEMAN W., VAN DER ENDE J., VERHULST F. (2006). « Social functionning of young adult intercountry adoptees compared to nonadoptees », *Soc. Psychiatry Epidemiol., 41*, 68-74.

VAN IJZENDOORN M., JUFFER F., KLEIN POELHUIS C. (2005). « Adoption and cognitive development : A meta analytic comparison of adopted and nonadopted chidren's IQ and school performance », *Psychological Bull., 131*, 301-316.

VAN LONDEN M., JUFFER F., VAN IJZENDOORN M. (2007). « Attachment, cognitive, and motor development in adopted children : Short-term outcomes after international adoption », *J. Pediatr. Psychol., 32*, 1249-1258.

VERHULST F., ALTHAUS M., BIEMAN H.V.-D. (1990). « Problem behavior in international adoptees. I. An epidemiological study », *J. Am. Acad. Child Adolesc. Psychiatry, 29*, 94-103.

4 LA SCOLARITÉ DES ENFANTS ADOPTÉS[1]

1 Le cadre de la recherche

Comme la plupart des parents, les parents adoptifs se préoccupent beaucoup de la scolarité de leurs enfants et on constate qu'ils manifestent souvent de l'inquiétude devant les difficultés scolaires de leurs enfants adoptés. Sont-ils particulièrement exigeants parce qu'ils appartiennent en général à un milieu socioprofessionnel dit élevé ou bien ces enfants rencontrent-ils vraiment plus de difficultés que les autres ?

Il n'existait pas en 2004 d'étude récente et complète, portant à la fois sur l'adoption nationale et internationale, sur cette question en France. C'est pourquoi l'association Enfance et familles d'adoption (EFA) a décidé d'envoyer à tous ses adhérents un questionnaire portant sur la scolarité de leurs enfants adoptés ou biologiques et portant aussi sur la réponse du système scolaire aux particularités de l'adoption. L'OAA Médecins du monde a accepté de relayer cette enquête.

Nous avons obtenu 890 réponses concernant des enfants adoptés et 180 concernant des enfants biologiques de familles adoptives. Nous avons ainsi pu faire des comparaisons entre les résultats scolaires des enfants adoptés et ceux des enfants biologiques vivant dans des familles adoptives mais aussi des comparaisons selon

1. Par Denise Fichcott.

le sexe, l'âge au moment de l'adoption et l'origine géographique dans le cas des adoptés. La synthèse de l'ensemble des résultats a fait l'objet de plusieurs publications (Vaugelade *et al.*, 2008 ; Vaugelade *et al.*, 2009). Je ne reprendrai ici que quelques résultats concernant les étapes importantes de la scolarité, illustrés par des témoignages que certains parents avaient joints à leur réponse.

2 La scolarité au primaire

Si celle-ci ne pose en général pas trop de problème pour les enfants adoptés très jeunes, il n'en est pas de même pour les enfants adoptés après l'âge de 4 ans, surtout dans le cadre de l'adoption internationale. Le niveau d'entrée au primaire dépend de l'âge au moment de l'adoption et de la scolarité antérieure (*cf.* tableau 4.1).

Tableau 4.1
Proportion d'enfants scolarisés à l'étranger avant leur adoption et proportion de ceux sachant lire parmi les scolarisés adoptés à 7 ans et plus.

Âge au moment de l'adoption	Asie	Amérique latine	Afrique	Europe de l'Est	Ensemble
De 4 à 6 ans	48 %	36 %	50 %	6 %	33 %
7 ans et plus	69 %	62 %	78 %	43 %	66 %
% sachant lire parmi les scolarisés adoptés à 7 ans et plus	62 %	18 %	67 %	41 %	46 %

Si les enfants originaires d'Afrique sont majoritairement scolarisés avant leur adoption lorsque celle-ci intervient à 7 ans et plus, il n'en est pas de même pour les enfants originaires d'Europe de l'Est. Par ailleurs plus de la moitié des enfants de plus de 7 ans ne savent pas lire quand ils arrivent en France et c'est la grande majorité des enfants d'Amérique latine.

Comment pourront-ils suivre avec profit dans une classe où tous les autres enfants maîtrisent lecture et écriture ainsi que les premières bases de calcul ?

Il paraît donc indispensable de leur faire suivre un CP ou, s'ils sont trop âgés, de prévoir des aménagements leur permettant d'abord d'acquérir ces bases indispensables. Or si le passage en CP avec un an de retard est en général accepté, il est refusé pour un retard plus important dans la plupart des cas.

Il paraît par ailleurs indispensable de préserver un temps suffisant pour que les enfants arrivant de l'étranger puissent s'habituer à la vie en France, à la vie en famille pour certains et au système scolaire français pour tous. Les mettre dans une classe correspondant à leur âge et non à leur niveau scolaire peut mettre définitivement leur scolarité en danger. Il peut être en particulier nécessaire d'avoir 2 ans de retard par rapport aux normes françaises, ce qui est difficilement admis.

Mais laissons parler les parents.

Antoine est arrivé de Pologne à 9 ans, ne sachant ni lire ni écrire et dyslexique. Étant donné son âge, l'inspecteur d'Académie a demandé qu'il entre directement au CE1. Malgré la compétence de la maîtresse et une bonne prise en charge, il n'a pas eu les bases nécessaires pour faire une bonne scolarité.

Camille est arrivée de Bulgarie à 8 ans. Nous l'avions rencontrée à l'orphelinat et nous avions constaté son petit gabarit et son manque d'éveil. Aussi avons-nous demandé qu'elle aille en maternelle à son arrivée. Reçus par l'inspecteur, nous lui avons montré des photos, expliqué ses réactions devant un ballon et comment elle tenait un crayon pour taper le papier avec. Nous avons eu son accord pour une entrée en grande section de maternelle. Deux ans après, alors que Camille venait de commencer le CE1, le directeur me fait part de la volonté du nouvel inspecteur : Camille doit intégrer le CE2 au plus vite et faire un CM1 l'année suivante. Nous ne sentons pas du tout notre fille prête à cela. Camille est très bien avec des enfants plus jeunes qu'elle. L'équipe enseignante partage notre avis mais malgré cela nous ne pouvons éviter de faire accélérer sa scolarité. Nous sommes persuadés que Camille s'en sortirait mieux si elle n'avait pas dû faire 2 années en une, au moment des apprentissages de base. La langue n'est pas un souci pour les enfants qui arrivent en âge scolaire, le problème vient de la rigidité de notre système scolaire.

Mais aussi.

> Notre fils est arrivé d'Éthiopie à 6 ans en France. Il n'avait jamais été scolarisé. Cela a posé quelques problèmes à l'école pour enregistrer toutes les consignes. Nous avons eu la chance que notre fils puisse faire une année entière de maternelle avant l'entrée en CP. La maîtresse a pris à cœur de bien l'intégrer et de lui apprendre au fur et à mesure tout ce qu'il devait savoir avant l'entrée en primaire. Cette aide précieuse a été indispensable pour bien débuter le primaire. Nous pensons qu'il faut, à l'enfant qui arrive un peu grand, un certain temps pour se poser, construire ses relations au sein de la famille, dans son groupe d'âge, à l'école et trouver sa place. Et pendant ce temps-là, l'enfant est certainement moins disponible pour d'autres choses, comme apprendre à lire et à écrire.
>
> Notre fils, adopté à 7 ans en Roumanie, a 2 ans de retard et pour l'instant cela ne lui pose aucun problème.

Il ne faut pas oublier que certains enfants ont vécu dans des conditions très précaires et qu'il leur faut du temps pour retrouver le développement normal des enfants de leur âge. C'est ainsi que la maman d'une fillette adoptée à l'âge de 6 ans en Roumanie fait l'analyse suivante et s'exprime.

> Dans le cas de ma fille, les difficultés liées à l'apprentissage de la langue et l'absence de scolarisation se sont combinées avec celles liées à l'abandon et il est difficile de faire la part des choses. Nous constatons que certaines difficultés à s'inscrire dans le moule scolaire et donc social que présentent nombre d'enfants adoptés « grands » sont aussi très présentes pour des enfants adoptés bébés et, qui plus est, que ces difficultés existent aussi avec des enfants biologiques.
>
> Personnellement, je pense qu'elles existent chaque fois qu'il s'est produit dans la vie d'un enfant un « tremblement de terre ». L'abandon légal n'est donc pas le seul qui le produise, mais c'est certainement dans la plupart des cas le plus violent. Quand il se produit un événement d'une telle violence, tout est déstructuré et le fonctionnement cérébral en est perturbé. La solution ? Remettre de l'ordre dans tout ça. Mais ce n'est pas toujours possible, tout au moins ça ne l'est parfois que jusqu'à un certain point et ce sera alors un ordre fragile.

☞

☞

Peut-être que je généralise abusivement mais j'ai été frappée de constater que les difficultés de ma fille avec la structuration du temps (avant-après) n'ont été surmontées que quand j'ai pris conscience du fait qu'à l'orphelinat, tous les jours se ressemblent et qu'une vie sans projet est un terreau sur lequel on ne peut comprendre l'avant-après. Par ailleurs quel que soit l'âge d'arrivée de nos enfants, ils ont vécu pour la plupart dans des conditions insatisfaisantes, éventuellement confrontés à cette violence d'autant plus terrible qu'elle est incompréhensible, d'éprouver des besoins que personne ne se donne la peine de satisfaire, d'être nourris à des moments dont le choix paraît totalement arbitraire car ils ne correspondent pas au besoin, manquant ainsi cette première occasion d'apprendre des rudiments de logique et le rythme même de la vie jusqu'à son terme : besoin, attente, satisfaction du besoin. Il est évident que s'ils ont souffert longtemps de cette situation, les séquelles seront plus graves. Mais il ne semble pas certain qu'elles soient proportionnelles au temps passé ; il se peut que les tout premiers mois jouent un rôle déterminant dans la structuration. J'ai l'impression quand je lis sur ce thème que personne ne sait vraiment faire l'évaluation de ce genre de risque.

3 L'orientation à la fin du collège

L'adolescence est une période floue dont les contours ne sont pas figés et qui ne se situe pas dans la même tranche d'âge selon qu'il s'agisse d'un garçon ou d'une fille. C'est au moment de l'adolescence que surgissent souvent, même pour ceux qui ont tissé des liens très forts avec leur famille adoptive, des questionnements sur leurs origines, leur famille de naissance, leur histoire et les raisons de leur abandon. Ces questionnements s'accompagnent parfois de comportements à risques mais aussi d'un désinvestissement scolaire pouvant conduire à l'échec et même parfois à l'abandon de toute scolarité en dépit de bonnes capacités.

Et c'est pendant cette période difficile que se joue la première orientation scolaire dont va dépendre tout le reste de la scolarité (*cf.* figure 4.1).

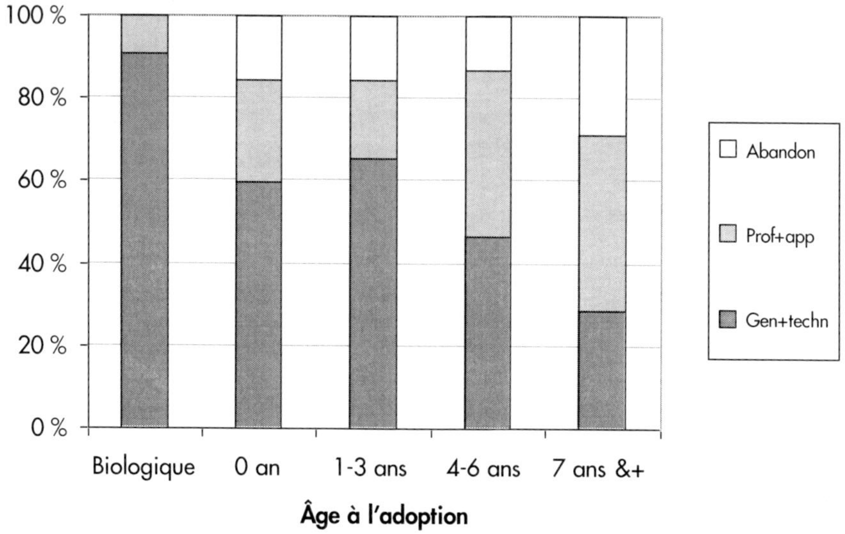

Figure 4.1
Orientation en fin de 3e selon l'âge à l'adoption.

Moins de 25 % des enfants adoptés après l'âge de 7 ans sont orientés vers l'enseignement long et la même proportion arrête sa scolarité au collège.

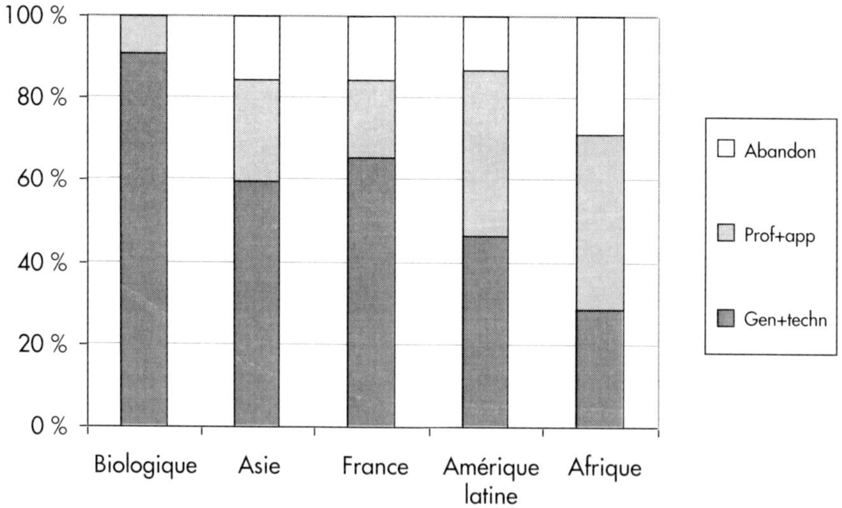

Figure 4.2
Orientation en fin de 3e selon l'origine géographique.

Dans la figure 4.2, nous constatons que les enfants nés en Asie sont orientés à 80 % vers l'enseignement long alors que ceux originaires d'Amérique latine le sont à 40 % et encore moins pour ceux originaires d'Afrique (le trop faible effectif d'enfants nés en Europe de l'Est ayant atteint ce niveau ne nous a pas permis de donner des résultats fiables). En revanche ces enfants sont orientés massivement vers l'enseignement court. Est-ce toujours justifié ? Nous reprendrons la question plus loin. Hormis les enfants adoptés en Asie, 20 % des adoptés arrêtent leur scolarité au collège.

4 Diplômes à 20 ans

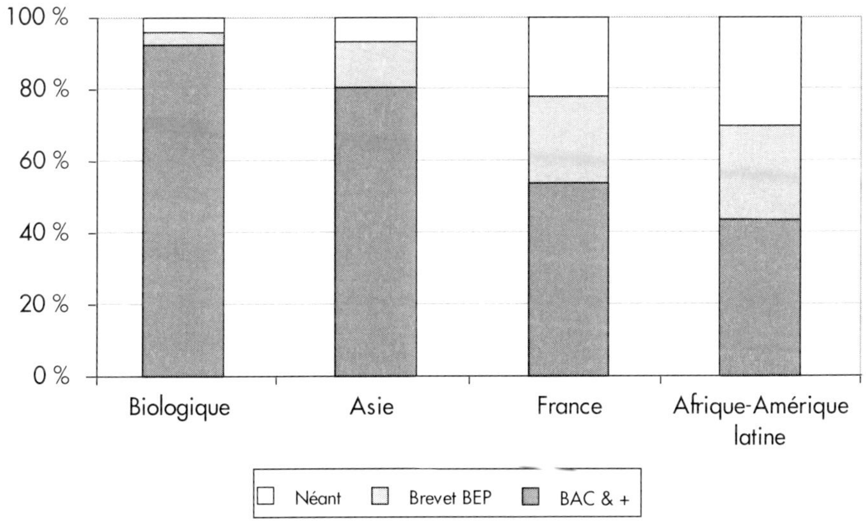

Figure 4.3

Diplômes à 20 ans selon l'origine géographique.

Globalement le taux de réussite au bac des adoptés est très voisin de celui de la population française (63 %). Cependant, on note une meilleure réussite des enfants nés en Asie (*cf.* figure 4.3). La meilleure réussite des enfants adoptés en Asie se retrouve dans les études faites au Québec. Dans l'étude des enfants adoptés par l'intermédiaire de l'Organisme autorisé pour l'adoption (OAA) les « Amis des enfants du monde », où 95 % des enfants viennent d'Asie, leur réussite scolaire est bonne. Si les raisons de cette réussite sont certainement multiples (en particulier 60 % des enfants sont adoptés avant l'âge d'un an mais c'est aussi le cas des enfants nés en France), il est certain que les enfants asiatiques bénéficient d'un *a priori* positif.

En revanche pour les enfants noirs ou maghrébins, il existe une stigmatisation raciale, la façon dont ils sont perçus (qui est différente de la discrimination raciale), la façon dont ils sont traités. Les enfants adoptés en Amérique latine ont souvent la peau foncée et ceux adoptés en France ont souvent une origine étrangère. Ils sont donc concernés par ces stigmatisations.

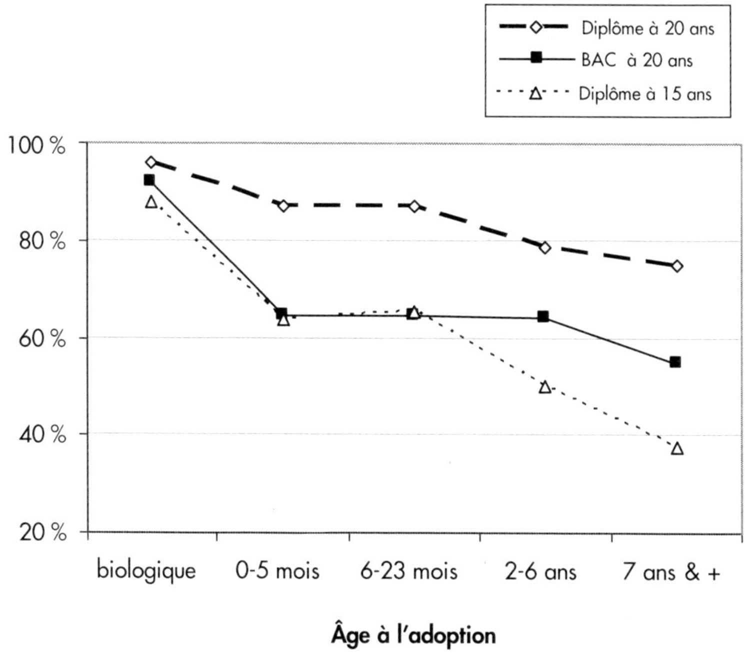

Figure 4.4
Diplômes obtenus selon l'âge d'adoption.

Le pourcentage d'adoptés diplômés (bac ou BEP-CAP) à 20 ans diminue peu avec l'âge à l'adoption, la diminution étant un peu plus marquée pour ceux adoptés après l'âge de 7 ans (*cf.* figure 4.4). Les résultats obtenus sont en cohérence avec l'orientation après la 3e (le bac professionnel s'obtient après une scolarité dans l'enseignement court).

5 En conclusion

L'adoption n'est pas synonyme d'échec scolaire comme on le croit trop souvent, même si ce risque augmente modérément avec l'âge à l'adoption. Mais il ne faudrait pas pour autant sous-estimer les difficultés liées à l'histoire sociale physique et affective antérieure de l'enfant. Il est donc essentiel de reconnaître et d'accepter ces différences.

Comment éviter des maladresses souvent liées à l'ignorance de leur situation et de leur passé ? Comment prendre en compte ces histoires singulières qui peuvent être des difficultés à vaincre mais aussi des richesses à valoriser ?

Il a paru important au groupe de travail qui s'est constitué au sein d'EFA d'informer les enseignants pour éviter les méconnaissances, les *a priori*, maladresses, par l'édition d'une plaquette simple sur l'adoption qui a été largement diffusée. Ce groupe de travail fait également quelques propositions s'adressant au système éducatif en général, aux enseignants ou aux parents et qui pourraient permettre d'améliorer la réussite scolaire.

- Éviter une scolarisation trop précoce des enfants et prendre en compte leur histoire.
- Accepter que l'enfant présente un retard important par rapport à sa classe d'âge.
- Utiliser quand c'est possible les dispositifs existant pour la scolarisation des enfants venant de l'étranger lorsqu'ils sont adoptés « grands » mais il serait nécessaire de repenser leur implantation et leur développement.
- Éviter de survaloriser les différences réelles (couleur de peau, langue, culture).
- Favoriser la mise en confiance de soi des enfants en difficulté par un meilleur équilibre entre l'accumulation des connaissances disciplinaires et les situations favorisant leur créativité, leurs connaissances, leur savoir faire, leur savoir-être.
- Ne pas oublier non plus qu'en matière de difficultés scolaires, l'adoption n'est pas le seul paramètre à prendre en compte, donc prudence et vigilance sont requises dans les diagnostics.

Les enfants adoptés ne sont pas les seuls enfants ayant une histoire singulière : les enfants de migrants aussi, tout comme les enfants de familles recomposées ou de familles monoparentales. Pour ces enfants, qui ne rentrent pas dans le « moule » comme disent les parents, ne serait-il pas possible d'assouplir les normes rigides de l'Éducation nationale ?

Bibliographie conseillée

VAUGELADE J., DUYME M. et FICHCOTT D. (2008). « La scolarité des enfants adoptés comparée à celle des non-adoptés », dans *Neuropsychiatrie de l'enfance et de l'adolescence*, *56*(7), 455-460.

VAUGELADE J., DUYME M. et FICHCOTT D. (2009). « La scolarité des enfants adoptés à l'étranger, celle des enfants nés en France adoptés ou non », dans *Adoption : un lien pour la vie*, Marseille, Solal, p. 133-152.

Deuxième partie

DU DÉSIR D'ENFANT...

5 ATTACHEMENT ET PARENTALITÉ[1]

1 Introduction

L'absence de souvenirs de notre petite enfance – l'amnésie infantile – nous amène à nous interroger sur la nature de nos premiers liens, sur leur signification quant à notre vie relationnelle d'adulte, nos émotions, nos pensées, nos peurs, nos désirs, en bref notre monde intérieur. Il faut reconnaître que cette amnésie, justement, autorise les dérives les plus fantaisistes sur la signification et les implications des premiers liens. L'enjeu de la question est en effet important : comment se forme notre vie mentale, notre identité ? À partir de nos expériences ? De notre patrimoine biologique ? Quelle est la part de la nature et celle de la culture ?

2 Rappels historiques

Les représentations que l'on a de l'enfant ont évolué au cours de l'histoire et indubitablement, celles-ci ont influencé nos conceptions quant à l'importance du jeune âge sur la formation de la personne adulte, et de là, nos pratiques de soins ou encore nos valeurs éducatives. Sur ces questions, la théorie de l'attachement propose

1. Par Blaise Pierrehumbert. Ce texte est extrait de la revue *Accueil d'Enfance et Familles d'Adoption* avec l'accord de l'association et de l'auteur.

re version des faits. Or, une théorie, fût-elle scientifique ne voudrait l'être la théorie de l'attachement – n'échappe pas aux courants idéologiques de son époque. Rappelons que deux conceptions sur la nature de l'enfance se sont fortement opposées au cours de l'histoire occidentale, conceptions qui reflètent des positions manichéennes : l'enfant est alternativement perçu comme étant, par nature, le siège du Bien ou du Mal.

Ainsi, les Pères de l'Église recommandaient la plus grande sévérité à l'égard des enfants. Saint Augustin disait, dans *La Cité de Dieu* : « Si on laissait l'instinct l'emporter chez l'enfant, il deviendrait à coup sûr un grand criminel. »

Plus tard, au XVIIe siècle, comme l'évoque l'historienne Marie-France Morel (1997), le cardinal de Berulle décrivait l'enfance comme « l'état le plus vil et le plus abject de la nature humaine après celui de la mort ». Toutefois, souligne l'auteur, il ne faut pas croire que cette conception était partagée par la majorité ; ces déclarations sont le fait de théologiens sans enfant, et elles émanent d'un milieu rigoriste. Dans les mêmes temps, des pédagogues humanistes, dans la tradition d'Érasme, voyaient dans l'enfant une image de la perfection divine. L'enfant serait ainsi doué d'une nature vile ou innocente, selon la référence idéologique ; nature que l'éducation, en conséquence, cherchera respectivement à corriger ou à préserver.

Qu'en est-il alors de la question des relations d'attachement ?

Nous allons le voir, le discours se déplace ici sur un niveau scientifique. Mais est-ce une garantie contre toute forme d'emprise idéologique ?

On observerait donc chez le jeune un besoin inné de contact avec un objet jouant un rôle parental. Il faut, bien entendu, se garder de toute tentation de généralisation de l'animal à l'homme ; il se trouve par exemple que chez les animaux eux-mêmes, on ne peut généraliser d'une espèce à l'autre. Ce qui est vrai pour les oies cendrées ou pour les rhésus, ne l'est pas forcément pour d'autres espèces d'oiseaux ou de singes. Il n'en reste pas moins, en ce qui concerne le bébé humain, que certaines observations faites au milieu du siècle passé dans des orphelinats rejoignent les conclusions des études de Lorenz et de Harlow. Notamment au niveau des effets d'une « carence maternelle ».

> Le passage obligé est le célèbre prix Nobel Konrad Lorenz dont la grande découverte est que, chez les animaux, les comportements sociaux seraient à la fois innés et appris. Chacun a en mémoire sa fameuse expérience sur les oies cendrées qui, à peine écloses, poursuivent l'objet mobile qu'on leur présente, en lieu et place de leur mère. En fait, le comportement lui-même – l'empreinte, ou la réaction de poursuite par le jeune oiseau – est un comportement réflexe, mais l'objet sur lequel ce comportement s'applique – la mère ou un substitut – est acquis par l'expérience.
>
> Pour se rapprocher quelque peu des humains, mentionnons les non moins célèbres observations de Harry F. Harlow qui, après avoir séparé fortuitement des jeunes singes rhésus de leurs mères quelques heures après leur naissance, avait observé que ceux-ci faisaient une sorte de fixation sur des objets laissés dans leurs cages, tels que couvertures ou autres chiffons ; ils protestaient si on les leur enlevait. Expérimentaliste dans l'âme, Harlow répète alors l'expérience en plaçant dans la cage un substitut maternel, sorte de mannequin imitant grossièrement un singe adulte. Même si ce substitut est profondément inadéquat dans ses comportements maternants – pour le moins figés – il est bien l'objet d'une recherche de proximité physique. À tel point que lorsque l'on ouvre la cage, le jeune singe commence par se réfugier auprès de cet objet puis, lorsque sa crainte s'atténue, il va se mettre à explorer l'environnement.

Les plus connues de ces observations sont certainement celles de René Spitz ; ses travaux suggèrent que si l'enfant peut souffrir de carence alimentaire, il peut également souffrir de carence affective. La découverte de l'importance des relations dans le plus jeune âge va ainsi provenir de l'observation de situations de manque et de ruptures dans la petite enfance. Pour Spitz, l'enfant développe une véritable relation d'amour dans le courant de sa première année de vie, et la rupture de celle-ci serait dévastatrice pour sa santé mentale.

Ces observations constituent autant d'arguments scientifiques en faveur de l'idée d'un besoin « naturel » de proximité, voire d'attachement.

3 L'amour maternel et parental : objet de nombreux débats

Mais laissons là, pour l'instant, le point de vue de l'enfant pour prendre celui de l'adulte. Qu'en est-il en effet de l'amour maternel – ou plus généralement de l'amour « parental » ? Peut-on envisager une sorte d'« instinct » (maternel ou parental) ? La tendresse d'un père et d'une mère pour leur bébé est-elle universelle ? Est-elle propre à notre nature humaine ? La sensibilité que nous éprouvons envers l'enfant constitue-t-elle une réalité « nécessaire », immuable ou au contraire « relative », changeante, produit d'une culture et d'une époque ? En d'autres termes, s'agit-il d'une réalité « contingente » pour emprunter le terme à Élisabeth Badinter (1980) ? L'amour maternel ne représente-t-il qu'un « plus » comme le titre son ouvrage ?

D'un côté, on ne peut nier l'existence d'une certaine « préoccupation maternelle » (pour prendre le terme de Winnicott, 1957), sous la forme d'une vigilance émotionnelle et d'une disponibilité particulière de la mère à l'égard de son bébé dès la naissance. Celle-ci serait essentielle dans les premiers temps de la vie du petit humain, particulièrement dépendant, car elle permettrait à la mère de sentir et d'anticiper les besoins du bébé, condition essentielle pour l'établissement d'une relation de soins. Les études sur les animaux, de nouveau, montrent clairement l'existence d'un état particulier de réceptivité de la mère à l'égard du nouveau-né (on parle à ce propos de *bonding*). Les études de C.S. Carter (1993) ont précisé les mécanismes physiologiques associés à cette condition, chez les brebis par exemple.

Les arguments en faveur d'une base « naturelle » des comportements, en l'occurrence des comportements de maternage, à nouveau ne manquent pas. Mais comme toujours, les choses ne sont certainement pas aussi simples et idylliques. Considérons les mythes fondateurs de la civilisation ; ceux-ci foisonnent d'exemples concernant la précarité des liens entre parents et enfants. Le plus paradigmatique bien sûr est Moïse, mais il ne faut pas oublier Sargon d'Agade, Œdipe, Pâris, Persée, qui tous sont des survivants d'une forme de maltraitance parentale – explicable ou non. Nous devons nous demander si ces mythes pourraient avoir comme fondement l'existence d'une ambivalence (pourquoi pas tout autant « naturelle ») associée à l'état de parent. Dans la nature, les liens de parentalité ne seraient finalement peut-être pas si évidents ; la célébration moderne de la maternité ne serait-elle pas alors l'expression d'une forme de défense contre une impulsion toujours possible d'abandon voire d'agression contre le jeune ?

Est-ce alors que « l'amour maternel » serait, sinon une invention récente, du moins un système de valeurs récent, comme le suggère Élisabeth Badinter ? Philippe Ariès (1960) avait énoncé l'idée selon laquelle nos ancêtres du Moyen Âge ne connaissaient pas un « sentiment de l'enfance » comme on le connaît aujourd'hui ; ils auraient manqué de conscience de la particularité enfantine (ce qui ne veut pas dire qu'ils auraient manqué d'affection pour l'enfant, comme le précise l'auteur, à la suite des critiques que sa thèse avait occasionnées). On connaît à ce propos la fameuse mode – vers la fin de l'Ancien Régime, en France – du placement quasi généralisé des bébés en « nourrices mercenaires ». Ces dernières provenaient généralement de familles rurales pauvres, ou appartenaient en tout cas à une classe sociale moins favorisée que celle des parents des bébés qu'elles nourrissaient. Dans certains cas, ces femmes ne pouvaient nourrir elles-mêmes leurs propres enfants ; l'abandon constituait alors souvent leur seul recours. En créant des hospices pour enfants abandonnés et en installant des « tours d'abandon » dans les murs des couvents, les pouvoirs publics et les Églises étaient-ils complices de ces pratiques ? Il y a sans doute à ce niveau une ambiguïté dans le rôle des institutions, laïques ou religieuses. Ironiquement, le tour d'abandon fait actuellement sa réapparition dans les villes occidentales – il est familièrement dénommé « boîte à bébés » ; on ne peut donc plus prétendre qu'il représente l'émanation d'une pratique barbare issue de l'Ancien Régime. Certes, il est le reflet de la paupérisation d'une tranche de la société reléguée par la nouvelle économie, ainsi que de la misère engendrée par les mouvements migratoires, toutefois ceci ne laisse aucun doute sur le fait que maintenant comme par le passé persiste un double discours sur l'amour maternel, alimenté par des intérêts idéologiques ou économiques.

4 Sentiment de l'enfant : une notion évolutive

Sans nécessairement conclure sur la question de savoir si l'affection des adultes envers les enfants est naturelle ou historiquement déterminée, il est indéniable que les représentations relatives à l'enfance ainsi qu'aux relations entre adultes et enfants ont subi des transformations au cours de l'histoire. Geneviève Delaisi de Parseval et Suzanne Lallemand (1998) résument avec humour l'évolution des représentations du bébé de la manière suivante : de « l'encombrant nourrisson » de l'Ancien Régime, on est passé successivement au « charmant bébé » rousseauiste, selon le qualificatif utilisé par Delaisi de Parseval (à ce propos, on peut consulter la thèse intéressante de Jules Lemaître (1907) réfutant la rumeur selon laquelle Rousseau aurait abandonné cinq enfants à l'orphelinat), au bébé destiné à repeupler les pays et les armées en guerre, au bébé « qu'il faut dresser » (le bébé de la puériculture et de l'apogée du discours médical sur la maternité, au milieu du XXe siècle), au « merveilleux bébé » et sa « divine maman », au « bébé prophète », lorsque ce n'est pas au « fœtus prophète » (et ses parents-disciples) de la fin du XXe siècle.

4.1 La société moderne

Dans la société moderne, où l'enfance a été hissée sur un piédestal et la maternité glorifiée, on peut se questionner sur les excès de ce qui peut apparaître comme une idéalisation, une « valorisation sacralisante » pour reprendre la formulation d'Alain Laflaquière (1990). Les scientifiques, et plus particulièrement les psychologues, dit Laflaquière, se seraient emparés de l'enfance pour la mettre au service d'un mythe scientifique, celui de la maîtrise des origines ; pour les moralistes, il ne s'agirait même plus d'aimer l'enfant, mais de montrer que l'on « aime l'aimer », s'occuper de l'enfance étant désormais placé sous le sceau d'une morale absolue ; enfin, les esthètes l'auraient confisquée pour en faire un culte à la jeunesse, à la beauté et au dynamisme, reflété dans la publicité ou encore dans les discours ampoulés, kitsch, relatifs à l'enfance. En d'autres termes, « l'enfance c'est logique, c'est moral et c'est beau », termine Laflaquière.

Quoi qu'il en soit, cette valorisation extravagante du bébé nous amène à souligner les tensions qui peuvent s'installer entre les représentations et la réalité quotidienne des parents. Le contexte actuel est certainement plus délicat qu'il n'y paraît pour les jeunes mères ; d'un côté on encense leur fonction, mais simultanément les soins au bébé restent peu valorisés socialement ; on ne parle pas ici de la vision idéalisée des soins, mais bien de la disponibilité, de l'énergie, du temps effectif consacré aux soins, qui se heurtent aux contraintes économiques, aux exigences de la carrière professionnelle et, malgré une vague d'espoir éphémère suscitée dans la seconde moitié du XXe siècle, au flagrant déficit d'appui effectif de la part des pères.

4.2 Seconde moitié du XXe siècle

La seconde moitié du XXe siècle a connu un nombre impressionnant d'innovations ayant entraîné une transformation profonde de nos représentations concernant l'enfance et les rapports des adultes avec les enfants ; parmi ceux-ci, relevons la maîtrise presque parfaite de la conception – du moins dans les pays fortement industrialisés ; la « nucléarisation » de la famille dans les sociétés occidentales, l'enfant acquérant un statut central, devenant souvent l'unique source affective des parents ; la découverte de compétences de plus en plus précoces chez le bébé, le nouveau-né et désormais le fœtus lui-même ; enfin, l'avènement de différentes formes de sécurité sociale impliquant le fait que les relations entre générations ne soient plus (uniquement) établies sur un rapport de dépendance économique – des enfants aux parents puis des parents aux enfants.

Ces transformations ont toutes contribué à modifier le type de rapports entre les personnes qui composent la famille ; d'économique, le ciment de la famille est devenu affectif. L'attachement et l'amour sont devenus des composantes plus importantes de la vie familiale moderne qu'ils ne l'étaient auparavant. Le pouvoir, ainsi que la responsabilité désormais individualisée de la femme et de l'homme moderne sur le contrôle de la conception, a certainement engendré des modifications dans nos représentations liées à l'enfance, à la parentalité ainsi qu'à la nature de l'affection portée à l'enfant. En effet, dans la société occidentale moderne, il est désormais devenu indispensable pour la femme et l'homme de « faire parler en eux » le désir d'enfant, en d'autres termes de construire une représentation de ce désir. Celui-ci, jusque-là, pouvait être présent, mais il n'avait pas force de nécessité.

Il est maintenant devenu impératif de proclamer son désir d'enfant et son amour pour l'enfant. Cette proclamation constitue dorénavant un prérequis indispensable à la parentalité. Cette proclamation, devenue nécessaire et déclinée sur un mode individualisé, pourrait bien ressembler au fameux « sentiment de l'enfance ». Du moins, son incidence particulière durant la seconde moitié du vingtième siècle aura certainement pu fait croire – pourquoi pas à Philippe Ariès lui-même – à un phénomène historiquement nouveau. L'enjeu de la question, nous le pensons, n'est pas tant de savoir si nos ancêtres avaient ou non un « sentiment de l'enfance », mais plutôt que l'amour maternel constitue désormais un impératif social, peu importe que son origine soit naturelle ou culturelle.

4.3 Les relations parents-enfant

On le voit, dans ce domaine sensible, les hypothèses sont fragiles et les notions restent largement spéculatives. Il n'en reste pas moins que l'existence dans la nature d'un certain nombre de réflexes associés à l'établissement de relations précoces, même si ceux-ci ne constituent qu'un aspect du phénomène, témoigne de la présence de composantes innées dans nos comportements, composantes sans doute sculptées par le travail de l'évolution. Toutefois, il est clair que les relations entre parents et enfants n'obéissent pas qu'à des injonctions de cette nature ; une part de nos comportements est associée aux représentations concernant l'enfance et les relations entre adultes et enfants ; celles-ci sont bien conjoncturelles. Sans parler de l'amour maternel lui-même, dont certaines composantes semblent bien être naturelles, il est évident que le *discours* sur l'amour maternel est bien contingent ; il est lié à notre histoire culturelle, et certainement aussi à l'histoire psychologique particulière de chaque parent.

Le parent – plus particulièrement la mère – devient parent sous le regard de l'autre. Pour paraphraser la citation célèbre de Winnicott « Le bébé seul n'existe pas », nous pourrions dire que la mère seule n'existe pas. Ce que la mère ressent à l'égard de son bébé est une chose, mais son idée, sa représentation de l'amour maternel naîtraient dans le regard de l'autre, du corps social, de l'ancêtre, de la mère de la mère, regards tous posés sur elle.

Issu comme Winnicott de la psychanalyse, John Bowlby, le fondateur de la théorie de l'attachement, montre l'importance du lien entre enfant et parent. Son principal message est certainement que le lien n'implique pas un état de dépendance, mais au contraire qu'il peut constituer un facteur d'ouverture, de socialisation. On peut dire alors que l'amour n'est pas un obstacle pour l'autonomie de l'individu ; contrairement à l'école « béhavioriste » selon laquelle l'amour risque de renforcer la dépendance de l'enfant, l'empressement à répondre aux demandes de celui-ci risquant de le « gâter », Bowlby montre que l'amour et la réponse à ses besoins procurent à l'enfant l'assurance nécessaire qui lui permettra ensuite de mieux s'ouvrir au monde extérieur.

5 En conclusion

Il apparaît que l'évolution de la famille occidentale a modifié le type de rapports entre les personnes qui la composent ; l'attachement et l'amour entre générations sont devenus des impératifs de la vie familiale « nucléaire ». Pour l'enfant, la qualité du lien affectif avec les parents est ainsi devenue un facteur essentiel pour son développement psychologique – ce qu'elle n'était peut-être pas auparavant. Pour les parents, l'amour porté à l'enfant, déjà au niveau du désir d'enfant, est aussi devenu un impératif. Pour le couple enfin, l'amour est dorénavant une dimension nécessaire, impérative, non contingente.

Lorsque les liens affectifs deviennent impératifs et nécessaires, ne risquent-ils pas de devenir enfermants ? La théorie montre que l'attachement, qu'il soit amoureux, filial ou parental, peut représenter une base de sécurité, promouvoir l'ouverture, tout comme il peut aussi devenir enfermement, dépendance. Ainsi, l'attachement comme l'amour peuvent servir l'immobilisme comme le changement.

Bibliographie conseillée

ARIÈS P. (1960). *L'Enfant et la vie familiale sous l'Ancien Régime*, Paris, Seuil, rééd. 1973.

BADINTER É. (1980). *L'Amour en plus*, Paris, Flammarion.

DELAISI DE PARSEVAL G., LALLEMAND S. (1998). *L'Art d'accommoder les bébés*, Paris, Odile Jacob.

LAFLAQUIÈRE A. (1990). « L'Enfance », *Psychiatrie de l'enfant*, *2*, 365-389.

MOREL M.-F. (1997). « Enfances d'hier, approche historique », in GUIDETTI M., LALLEMAND S. et MOREL M.-F., *Enfances d'ailleurs, d'hier et d'aujourd'hui*, Paris, Armand Colin, p. 58-112.

PIERREHUMBERT B. (2003). *Le Premier Lien : Théorie de l'attachement*, Paris, O. Jacob.

PIERREHUMBERT B. (2007). « Attachement et parentalité », *Accueil*, *142*, 4-10.

ROUSSEL L. (1989). *La Famille incertaine*, Paris, O. Jacob.

WINNICOTT D. (1957). *De la pédiatrie à la psychanalyse*, Paris, Payot, trad. 1989.

6 QUAND LE DÉSIR D'ENFANT ENGENDRE UNE FOLLE PASSION[1]

1 Préambule

Peut-on parler d'état pathologique quand on aborde le désir d'enfant ? Celui-ci est bien la traduction de la demande la plus légitime chez tout être humain et qui ne saurait être remise en question. Néanmoins, en qualité de professionnels, nous pouvons nous interroger sur le bien-fondé de toute sollicitation concernant l'Aide médicale à la procréation (AMP). En effet, nous sommes souvent en première ligne face aux exigences croissantes d'une population qui, à plus d'un titre, incarne les avancées de la médecine, en ayant intégré toutes les contraintes d'une maladie chronique jadis mortelle. De quelles méthodes relevant de la clinique psychodynamique pouvons-nous nous prévaloir, afin de naviguer entre les écueils d'une demande infantile insatisfaite qui s'affublerait du masque du désir passionné d'enfant ?

Ainsi, nous aborderons tout d'abord les arcanes du désir en lien avec la demande d'amour adressé à l'autre dès l'instauration des premières relations avec le petit d'homme. Puis nous nous aventurerons sur le terrain plus spécifique du désir d'enfant au féminin, où l'enfant est l'objet par excellence de toutes les passions infantiles à réaliser. Chemin faisant, nous nous attarderons sur les éléments

1. Par Ouriel Rosenblum

passionnels en réhabilitant la folie comme une figure possible de la passion qui accompagne toute demande d'enfant non satisfaite. Nous tenterons d'établir des passerelles entre ces états proches de la déraison et les problématiques limites plus préoccupantes où l'archaïque infantile investit tout le champ de la pensée. Ainsi, nous déplierons une situation clinique, dans le cadre de l'AMP à risque viral, où nous déclinerons le désir passionné d'enfant chez une femme sur le mode de son vécu infantile, dans une demande adressée à l'autre et jamais satisfaite. Enfin, dans une perspective de compréhension psychodynamique des implications propres à ces situations de tentatives de procréation chez ces femmes présentant une personnalité fragile, nous proposerons une démarche d'accompagnement psychologique qui s'intègre au sein d'une équipe pluridisciplinaire.

2 La naissance du désir

Le désir désigne le champ d'existence du sujet humain sexué qui demande l'absolu de l'amour en faisant paraître tout objet octroyé comme possiblement perdu. Dans la tradition psychanalytique française, le sujet désire dans la mesure où la satisfaction de ses besoins vitaux passe par l'appel adressé à un Autre, ce qui dénature d'emblée la satisfaction, qui se transforme par là en demande d'amour. Cet amour, témoin du rapport à l'Autre à partir duquel le sujet s'aliène, demeure marqué d'une exigence d'absolu qui est à la mesure de ce qui se perd par cette contiguïté même. L'inadéquation étant elle-même constitutive du désir, celui-ci imagine comme objets fascinants sur le corps de l'autre ce qui manque à chaque sujet du fait de l'aliénation de ses besoins dans la demande faite à l'Autre. L'objet désiré sur l'autre est la seule chose qui individualise le sujet, lequel serait autrement emporté par la dérive indéfinie des signifiants de son désir. Ainsi, cet objet sauve la dignité du sujet, bien qu'il en soit en même temps la déchéance, puisqu'il dévalorise l'Autre idéal.

Par ailleurs, le désir selon Lacan (1966), ce n'est pas seulement la représentation sexuelle et imaginaire de la perte, mais une manière pour le sujet de s'identifier au manque même. Ainsi, le désir naît de cette inversion de la valeur du manque en « puissance de pure perte » et cette inconditionnalité du désir vise à « réduire à rien, ce qui manque ».

3 Le désir d'enfant

Nous aborderons la genèse du désir d'enfant au féminin où, dans notre culture, désirer un enfant semble être une démarche consciente et raisonnable, délibérée, voire programmée, dans un plan de vie conforme aux idéaux sociaux et familiaux. Mais ce projet conscient est souvent infiltré de significations inconscientes qui vont précisément réapparaître chez ce familier-étranger : l'enfant. Avant toute réalisation, l'enfant est imaginaire. Il est l'enfant supposé tout accomplir, tout réparer, tout combler : deuil, solitude, destin, sentiment de perte. L'enfant à venir est, pour la femme, l'objet par excellence, la réalisation du plus vivace des souhaits infantiles.

Le désir d'enfant est la modalité par excellence des retrouvailles et de satisfactions des premiers désirs, s'actualisant dans une demande à l'Autre, incarné par le partenaire et, en cas d'infertilité, par la science médicale ou l'adoption. On l'a vu plus haut, comme tous les désirs, c'est un objet perdu qui le cause. Cet objet est un bout de corps, « à venir » et à « perdre », mais pas encore perdu. Pour la femme, la maternité réelle, symbolique ou imaginaire est la preuve de sa sexuation, alors que l'homme désire avant tout procréer et cette procréation concerne à la fois la femme et l'enfant. Ce dernier sera le signe et le porteur de cette jouissance. Donner la vie se joue ainsi sur un double registre selon Bydlowski (1997) : produit de la répétition de l'inconscient de ses parents, l'enfant est porteur d'avance des avatars de leurs désirs.

Alors que les vœux œdipiens se rejouent avec le désir d'offrir un enfant au père, pour Groddeck (1963), « en enfantant, une femme rencontre sa propre mère ; elle la devient, elle la prolonge tout en se différenciant d'elle ». Pour Bydlowski (1997), sur le versant homosexuel de la maternité, enfanter, c'est reconnaître sa propre mère à l'intérieur de soi, c'est également faire renaître l'enfant qu'elle a été dans l'enfant qu'elle porte. Condensation à la fois de l'enfant merveilleux qu'elle a été et de sa propre mère idéalisée, cet enfant s'appuie sur le fantasme d'un double narcissique et d'une filiation par partition d'un autre soi-même. Ce futur enfant a d'emblée une valeur symbolique dans la mesure où la dette maternelle à l'égard de sa propre mère prend corps dans le corps de l'enfant à naître. Pour Bydlowski (1997), la vie n'est pas un cadeau gratuit, mais porte en soi l'exigence de rendre, de rembourser ce qui a été transmis et de reconnaître que le don de la vie est aussi promesse de mortalité.

4 La folie passion

Si nous tentons d'explorer la folie passion en lui redonnant ses lettres de noblesse en compagnie du psychanalyste André Green (1990), on s'aperçoit que dans la passion, l'objet devient unique et irremplaçable comme ce que l'on retrouve dans la première relation de l'enfant à sa mère. Les objets de la passion sont à rechercher du côté des objets partiels, pris sur le corps de la mère ou sur le corps du sujet. Mais il existe également des passions narcissiques rejoignant les angoisses archaïques, endroit où aucune différenciation n'est possible entre le moi et l'objet, là où amour et destructivité affectent à la fois le moi et l'objet. Ce sont des amours qui font souffrir, au point de s'en défendre par un sacrifice aliénant.

Il nous paraît intéressant de reformuler, à partir de situations de personnes présentant un état limite, appelé encore *borderline*, la logique du désespoir pour retrouver ce que Freud a exclu de la névrose, à savoir la folie. Cette folie est constitutive de l'humain, liée aux vicissitudes de l'éros primordial, toujours en conflit avec les pulsions destructrices. Lorsque la passion qui habite l'éros parvient à se lier à ces pulsions, on évite alors la psychose.

Dans la situation de la folie maternelle, on est dans la dimension du miraculeux, avec la réalisation des vœux de toute-puissance et le souhait d'être pour l'enfant ce qu'il est pour elles, cet objet unique, incomparable, à qui tout est dû et sacrifié. Selon André (2006), cet état d'extrême sensibilité, frôlant l'hallucination, est indissociable du corps à corps de la mère, permettant à celle-ci de s'identifier aux besoins de l'enfant. Pour Winnicott (1969), cet état organisé, qui serait une maladie n'était la condition propre à la grossesse et pourrait être comparé à un état de repli, ou à un état de dissociation, ou à une fugue ou même à un épisode schizoïde. Ce monde est ainsi, tout aussi primaire qu'infantile, il participe d'un alliage de la reconnaissance de la dépendance absolue avec le fantasme d'omnipotence. Mais l'ambivalence de « l'amour maternel » tient à la nature même et à l'intensité des investissements dont l'enfant fait l'objet. En effet, tout objet particulièrement investi, comme le futur enfant, menace constamment le moi de la déperdition d'une grande partie de sa libido narcissique selon Yi (2006). Par ailleurs, Aulagnier (1975) analyse le désir inconscient de la mère pour l'enfant, dévoilant ici la participation d'un souhait de mort et d'un sentiment de culpabilité consécutif.

Si nous nous situons dans une perspective du développement psychosexuel où la phase incestueuse est associée à la relation primaire à la mère, on peut évoquer la présence d'une dimension fondamentalement incestueuse dans la relation la plus ordinaire de la mère à l'enfant. Ainsi, les désirs incestueux de la mère pour l'enfant peuvent être considérés comme la figure paradigmatique de la relation passionnelle. De même, pour Freud (1969), la relation de l'enfant au sein de la mère est-il le prototype de toutes les relations amoureuses ultérieures. Selon David (2006), la folie maternelle a partie liée à la fois avec la bisexualité psychique et avec la tolérance plus ou moins conflictuelle d'activité et de passivité, d'être et de faire, d'éléments « féminins purs » et « masculins purs ». Par ailleurs, Winnicott (1969), en abordant la notion de préoccupation maternelle primaire en fin de grossesse et au cours du *post-partum*, affirme que la mère doit être en bonne santé, à la fois pour atteindre cet état et pour s'en sortir quand l'enfant s'en délivre. David (2006) nous parle d'une mère suffisamment folle, fruit d'un compromis névrotique pour se laisser envahir sans trop d'angoisse par des fantasmes hostiles.

La folie passionnelle envers le bébé convoque celle de la mère, avec le cortège des angoisses de fusion et d'engouffrement que seule une mère au moi bien différencié est en mesure de supporter.

Par la suite, au cours de l'instauration des premières relations, selon Aulagnier (1975), la violence exercée par l'interprétation de la mère sur l'ensemble des manifestations de l'éprouvé de l'infans est nécessaire dans l'instauration des liens et accompagne la folie maternelle au quotidien. Pour Guyomard (2006), ce qui fait la folie possible du lien tel que la possession et l'omnipotence est lié à une exigence pulsionnelle, elle-même partie prenante de ce qui fait lien.

Ainsi, l'un des enjeux de la maternité est bien la confusion qui superpose l'identification au futur enfant et l'identité de la future mère, « l'être comme » et « l'être-soi ». Lorsqu'elle rejoint sa mère, la fille devenant elle-même mère risque souvent d'y être engloutie, en revenant à son point d'origine, au lieu même de son identification, lieu dont tout son développement l'a éloignée dans sa quête d'intégrité narcissique. Par conséquent, l'identité de mère, lorsqu'elle est insuffisamment portée par la feuillée de la transmission irriguée par la mémoire des liens ou par la rencontre des personnages investis par la femme, est en péril de se déliter dans la sauvagerie d'un surmoi féroce, dans une passion addictive, ou bien dans la folie d'un narcissisme sans limite.

5 Quand la passion se fait chair

Si l'on reprend l'étymologie de la passion décrite dans le dictionnaire culturel en langue française sous la direction d'Alain Rey (2005), celle-ci dérive du latin *passio*, « fait de souffrir », « douleur, maladie » et « affection de l'âme » qui, à la fin du premier millénaire, a popularisé les souffrances du Christ à travers le récit de la passion dans l'Évangile.

Nous allons illustrer cette passion chez une femme en quête d'enfant, pour qui ce parcours se transmue en chemin de croix et où tout son être est engagé par son corps souffrant en quête d'identité.

Dans le cadre des consultations proposées pour les couples à risque viral qui désirent avoir un enfant dans le cadre de l'AMP, nous aborderons les aléas de la construction de la féminité d'une ancienne toxicomane, infectée à la fois par le VIH et le VHC. Toute sa problématique tourne autour d'une lutte pour exister en tant qu'individualité et sa demande d'enfant à tout prix se décline autour de la construction de sa propre identité sans cesse menacée de s'effondrer. Ici, le désir d'enfant se situe dans une compétition entre sa plainte infantile et la nécessité vitale d'être entendue dans son identité sexuée à construire.

Lors de la consultation médico-psychologique réservée aux couples, Mme B. accapare la parole et rapidement, elle aborde les relations conflictuelles avec son père, sa puberté difficile où elle se détestait en tant que femme. Elle décrit le lien entre ses épisodes d'anorexie-boulimie avec vomissements entraînant un accrochage aux produits anorexigènes, puis une toxicomanie à l'héroïne à l'origine d'une co-infection au VIH et à l'hépatite C. À l'annonce de sa contamination, elle dit s'être sentie rejetée à la fois par sa mère et ses sœurs. À la suite de rapports non protégés, Mme B. a contaminé son mari. Bien que son désir d'enfant soit très ancien, Mme B. se pense stérile depuis toujours. Par la suite, sur la demande insistante de son médecin infectiologue, elle reprend un rendez-vous pour un suivi. La thématique récurrente porte à la fois sur la demande d'être prise au sérieux par les médecins et sur sa dépressivité contemporaine d'une absence de désir sexuel. Au cours des séances suivantes, elle se plaint de ne pas être considérée comme capable de concevoir des enfants, tout en recherchant des bénéfices secondaires, en magnifiant son statut de malade, exhibant un « ventre de femme enceinte », dit-elle, dû aux effets des traitements antirétroviraux, maniant le paradoxe en affirmant qu'elle était devenue toxicomane afin de maigrir. Tout au long du suivi, sa problématique se déroulera autour d'une lutte pour exister en tant qu'individualité. Elle tente d'apporter des rationalisations quant à son absence de vie sexuelle, en invoquant l'effet délétère d'un traitement contre l'hépatite C. Tout au long des entretiens, l'accès à une éventuelle parentalité, à la fois très attendu et redouté pour Mme B., passe par des tentatives d'éprouvés corporels autour d'un vécu très infantile indifférencié vis-à-vis du corps de sa mère, combinés aux effets actuels des médicaments. Elle se complaît à questionner incessamment son droit à exister sur un mode revendicatif. Les thématiques fantasmatiques retrouvées dans son discours se déploient à partir d'une sexualité prégénitale à prédominance orale menaçante et persécutrice.

☞

Ainsi, on perçoit la prééminence du signifiant corporel passionnément investi incarné par un futur enfant. Cette femme utilise sa corporéité pour exprimer sa plainte fondamentale déclinée sur tous les modes, et en particulier sur celui de l'existence. Ici, l'accès à une éventuelle parentalité passe sans cesse par un éprouvé intense du corps qui envahit passionnément tout le champ de la pensée. L'évocation de l'enfant imaginaire alimente l'impératif narcissique de lutte contre l'effondrement qui menace en permanence, l'investissement de l'AMP s'effectuant sur le mode répété de la revendication et de l'hypocondrie. De plus, l'attente passionnée des signes d'une fécondation aboutie ouvre son vécu infantile vers une expansion qui occupe la totalité de sa temporalité future. En effet, selon cette femme, cet enfant mythique lui permettra de désinvestir sa vie sociale adulte, lui assurant une mise au repos jusqu'à la retraite. Les difficultés à installer une identité stable conduisent, par exemple, à des confusions autour de l'oralité entre l'investissement d'une hypothétique grossesse et les effets des médicaments ingérés. Cette femme, par sa demande sans fin, utilise le soin médical autour de son corps défaillant comme un étayage vis-à-vis de son narcissisme en menace de s'effondrer. Elle s'appuie sur les multiples prises en charge dont l'AMP est l'ultime avatar, dans une perspective régressive infantile. Ici, le bébé idéalisé dont elle serait l'incarnation est sans cesse mis en concurrence avec l'enfant issu de l'AMP.

L'accompagnement de cette femme sur une période de deux ans, émaillé de tentatives de FIV (fécondation *in vitro*) ayant toutes échoué, lui a permis à la fois un dégagement de ses positions archaïques très prégnantes, une construction acceptable de sa féminité, un positionnement au sein de sa famille et une meilleure estime d'elle-même. Ce suivi a été contemporain d'un investissement de l'AMP sur le mode de la revendication et de l'hypocondrie, où cette femme a pu se reconstruire une identité sur un mode narcissique, en prenant appui sur la médecine, à partir d'identifications projectives sur un bébé à naître. On perçoit ici que la fiction d'une sexualité reproductive a pu offrir un étayage à des représentations concernant son identité féminine, en partant des soins corporels et du droit à l'existence jusqu'à l'identification au bébé, se positionnant enfin comme une femme ayant reçu l'autorisation d'enfanter.

6 Perspectives thérapeutiques au cours de l'AMP

La description de ces situations cliniques limites illustre les difficultés lors des prises en charge médicalisées telle que l'AMP chez les patientes *borderline*. En effet, la psychopathologie à laquelle nous avons affaire, quand nous rencontrons ces femmes en demande d'enfant, est alimentée par un bébé toujours déjà décevant, miroir de leurs dépendances infantiles avec une impossibilité d'intérioriser un objet maternel et sécurisant. Tout comme le désir, mais ici poussé à l'extrême, on assiste à une confusion entre la zone proprement des besoins et celle ayant trait au vital. Ici, la souffrance psychique est référée aux perturbations du besoin et de l'être, due souvent à des expériences de menace d'empiétement avec un non-respect des frontières du territoire psychique. Chez ces femmes, la sexualité infantile, réactivée lors de l'accès aux techniques reproductives, semble estompée au profit quasi exclusif de l'interrogation quant à leur propre existence, leur survie psychique et, au-delà, leur identité. Ici, la traduction de leur identité est existentielle.

L'approche psychothérapeutique de ces situations prend comme point d'appui principal le transfert auquel nous sommes entraînés au cours de la confrontation avec ces patientes. Celui-ci étant soumis aux variations climatiques les plus extrêmes, étant le lieu de toutes les incertitudes. Le transfert s'effectue souvent sur une figure identique : celle d'une mère archaïque, préœdipienne, une mère qui sait, désavouant toute contingence. On retrouve alors le besoin au premier plan, celui de l'*infant* exprimant sa détresse. Souvent, alors, au cours de la prise en charge, le corps médical, confronté à la plainte manifeste, peut se perdre à répondre en un point où le besoin fait entendre son impatience. Ce qui est attendu de nous, en tant que professionnels du psychisme, c'est à la fois une garantie de stabilité tranquille de la présence et une capacité de métaphorisation rapide des mouvements contraires par lesquels s'exprime une vie psychique qui cherche à se réanimer. Pour ces femmes en quête d'identité, en demande désespérée d'enfant, il n'y a pas d'espace possible pour amorcer d'emblée un désir qui ne soit pas mis en compétition avec des besoins vitaux bruyamment exprimés. Ainsi, le clinicien est-il investi comme un objet réel avec une demande de maternage, de réparation et de bonne expérience à satisfaire de manière réitérée. De ce fait, la réalité présente, au cours de l'AMP, c'est nous-même, nos fonctions, notre personne, notre personnalité. On utilise la réalité des soins apportés à ces femmes en vue d'une maternité future pour délimiter leur propre espace psychique.

Bibliographie conseillée

AULAGNIER P. (1975). *La Violence de l'interprétation*, Paris, PUF.

BYDLOWSKI M. (1997). *La Dette de vie, Itinéraire psychanalytique de la maternité*, Paris, PUF, « Le Fil rouge ».

DAVID M. (2006). « La mère suffisamment folle », dans ANDRÉ J. et DREYFUS-ASSEO S., *La Folie maternelle ordinaire*, Paris, PUF, « Petite bibliothèque de psychanalyse ».

FREUD S. (1969). *La Vie sexuelle*, Paris, PUF.

GREEN A. (1990). *La Folie privée*, Paris, Folio Essais.

GRODDECK G. (1963). *Le Livre du ça*, Paris, Gallimard.

LACAN J. (1966). *Écrits*, Paris, Le Seuil.

WINNICOTT D. (1969). *De la pédiatrie à la psychanalyse*, Paris, Payot.

7 DE LA DEMANDE D'ADOPTION À LA RÉALITÉ PSYCHIQUE DE L'ENFANT[1]

1 Introduction

Dans la perspective actuelle de l'application progressive de la convention de La Haye (depuis 1993) sur la protection des enfants et la coopération en matière d'adoption internationale, l'accent est désormais porté sur l'intérêt des enfants en matière d'adoption. Or les enfants en réel besoin d'être adoptés à l'internationale, comme à la nationale d'ailleurs, sont essentiellement des enfants grands, de plus de trois, quatre ans, voire plus. Ce sont souvent des enfants à particularités, en fratrie, des enfants typés au niveau ethnique ou souffrant de problèmes de santé physique et psychique ou de handicaps divers. Il existe en France une grande difficulté à sensibiliser les candidats à l'adoption à ces enfants réels d'aujourd'hui.

Le mythe par lequel il existe des « bébés » en souffrance qui attendent des parents de par le monde est devenu une fiction nourrie en attente d'agrément car celui-ci sera de fait ensuite amené à être transformé, voire déformé par la confrontation à la dure réalité, à la désillusion parentale. Nous assistons actuellement à un décalage important entre la nature de la demande d'adoption et la présentation des dossiers d'enfants adoptables. De plus le nombre

1. Par Ombline Ozoux-Teffaine.

d'adoptions a particulièrement chuté (en France, en 2008, mille de moins en une année sur quatre mille enfants adoptés auparavant).

Nous sommes en mesure alors de nous interroger sur la difficulté à accorder les demandes des futurs parents à la réalité des enfants. Souvent les conditions nécessaires à la réalisation d'un projet d'adoption sont ignorées au profit de la précipitation vers les pays étrangers, puisque sur notre territoire il faut attendre très longtemps. Le temps psychique est abrasé parfois totalement absent de la préoccupation des candidats. C'est un système de type opératoire qui domine en fait la scène adoptive à travers le souci de collecter des renseignements sur la rapidité des formalités, la façon de répondre aux investigations de l'agrément et aux demandes des pays. Tout cela occupe l'esprit au risque d'oublier ce qui pourrait être vital pour l'enfant et ses parents. Comment vont-ils se rencontrer ? Où et comment les processus de cette nouvelle filiation pourront-ils se développer le plus harmonieusement pour les uns comme pour les autres ?

La question se pose pourtant de façon urgente : quelles sont les exigences à respecter pour une mise en relation entre parents et enfants qui tiennent compte de la réalité interne de l'enfant, une réalité psychique en péril ?

2 Une réalité psychique en péril

Pour autant qu'une première histoire ait bien existé, l'enfant n'a jamais été assuré, du fait des circonstances qui l'ont accompagné, d'une inscription dans une lignée. Aussi a-t-il développé, dans une position de survie psychique, un sentiment d'appartenance au lien particulier qu'est le lien d'affiliation (Kaës, 1985). En effet les moyens dont dispose son monde interne face à la catastrophe qui pourrait le menacer, effondrement ou dureté devant cet effondrement, sont particulièrement réduits. Une réalité externe a pu l'entourer quelque temps ou plusieurs années mais, ce qui importe, c'est bien la capacité de l'enfant à supporter cette catastrophe que laisse le délaissement perdurant ou intermittent, voire l'abandon de fait.

Dans un sursaut de vie, son attachement au lien horizontal sera prioritaire à sauvegarder et notamment le lien à sa fratrie, endeuillé qu'il est ou en voie de l'être, d'une appartenance verticale à l'axe vertical du transgénérationnel. Sans verticalité psychique l'enfant ne peut s'inscrire dans une véritable filiation qui le reconnaîtra « fils de, ou fille de » et véritablement pour toujours. Délaissé, il ne peut y prétendre mais l'adoption, par la sécurité qu'elle procure, pourra enfin lui apporter cette relation d'ancrage et d'enracinement dans une véritable lignée.

D'attaché qu'il était à « l'affiliation », il pourra entrevoir enfin « la filiation » et ses remaniements, ce qui implique vraiment une reconnaissance des liens de famille. Ceux-ci n'avaient jamais été suffisamment éprouvés, alors il va s'y employer. Pour ce faire, une relation mythique est nécessaire à développer afin que s'élabore un objet interne, préfigure des identifications parentales qui avaient été endommagées du fait même de l'abandon et des sentiments qui s'y rattachent. « Jamais je n'ai été aimé, jamais je ne serai aimé, jamais je n'ai été suffisamment bon puisque j'ai été lâché » dominent le tableau de la scène préadoptive, jusqu'à ce qu'il s'assure du contraire.

Cette relation nouvelle aura à se développer par l'intermédiaire d'un tiers, tiers social qui sera inclus dans la configuration familiale créée, trouvée. Il s'agit d'un tiers préfigurant, préexistant la configuration du lien parents-enfant. C'est à ce prix que pourra s'accomplir comme dans l'exercice d'un funambule le saut dans cet espace, la traversée d'un vide possible devant l'inconnu, l'imprévu, l'impromptu, le passage d'un univers à l'autre, d'une histoire à l'autre, d'un pays à l'autre sans que la catastrophe ne se perpétue.

Cette capacité à se faire reconnaître par un tiers ou même par un tiers symbolique autorise la création d'un lien dont l'enracinement ne saurait être remis en cause sauf à vouloir être mis en péril par l'absence de tiers précisément et nous pensons à certaines adoptions individuelles fort précipitées. Dans cette perspective c'est bien entendu l'ensemble familial qui se trouve sollicité et les rapports qu'entretiennent les générations entre elles, au regard de l'enfant étranger à eux, devenant le leur sans condition. À défaut d'être reconnu, aimé, porté par des parents, l'enfant peut être renvoyé hors du champ de la gravitation universelle, hors de la pesanteur, tel un astronaute livré à la stratosphère en quête d'agrippement au premier objet qui passe et notamment à l'objet d'addiction, qui peut devenir indispensable tout comme l'a été l'appartenance au lien horizontal.

Des contre-indications à l'adoption ?

Dans les contre-indications à l'adoption on notait souvent :

- l'âge, mais bien des expériences le contredisent et s'évertuent à le reculer en adoption internationale ;
- l'existence d'une fratrie, mais celle-ci devrait-elle le priver d'une inscription dans une lignée verticale ?
- la bonne intégration dans une famille d'accueil, mais « cette particularité », qui exprime plutôt la capacité de l'enfant à des attachements ultérieurs, devrait-elle le maintenir hors d'une filiation et d'un enracinement dans une histoire transgénérationnelle nouvelle ?

L'expérience a prouvé qu'aucune de ces contre-indications ne saurait constituer un argument de « non-adoptabilité ». Au contraire, elles pourraient tout du moins interdire l'accès à la verticalité psychique, à l'attachement vertical, à l'introduction dans la chaîne transgénérationnelle, ce dont il ne pouvait que douter auparavant dans son état d'enfant dominé par la scène de l'abandon initial. Cette expérience de l'adoption est fondatrice, unique, exclusive et résonne au fond de chacun de nous, qui rencontrons ainsi, à proximité, une occasion de douter de notre propre inscription et de notre propre enracinement. Et c'est pourquoi l'adoption nous passionne autant qu'elle nous perturbe et nous déroute !

Souvent, au cœur de beaucoup de pathologies adolescentes se développe un roman familial au négatif rendant impossible cette traversée, mais plus supportable alors la quête originaire, tentative de retour au moment catastrophique, lequel aura été contourné de différentes manières quand l'inscription de filiation ne se développe pas suffisamment. Dans l'axe de la filiation, au contraire, une place est donnée à l'enfant, bien avant qu'il n'apparaisse, une place dans le transgénérationnel, et chacun peut en sortir transformé : ascendant, parent, enfant. Nommer l'enfant est un legs transmis par le rêve des désirs croisés (Kaës, 1985). Porter le nom de son père est ce qui identifie le sujet et le relie à son père, et au père de son père (Eiguer, 1997). Cela signifie qu'il s'inscrit dans la chaîne générationnelle et ne porte pas le phallus tout-puissant ou auto-engendré.

J'ai attaché une importance particulière à l'écoute du monde interne de l'enfant mais aussi à celui du couple des parents et de la famille dans sa constitution même… *in statu nascendi*, tant au moment de la conduite d'une adoption qu'au moment, plus tard…, où une souffrance s'exprime, rendant la thérapie familiale psychanalytique nécessaire.

3 Le processus de filiation adoptive

Cette expérience est traversée par un mouvement de vie et de mort. La famille se construit pour ainsi dire en « sauvant un enfant du pire », en le sauvant de la mort physique ou psychique. En ce sens, elle donne la possibilité à l'enfant laissé pour compte, ou abandonné de fait, de retrouver une véritable filiation et des lignées respectives dans lesquelles il peut s'inscrire pour toujours. Bien entendu cette nouvelle inscription ne peut s'établir que dans la mesure où l'enfant a été déclaré juridiquement abandonné ou que les géniteurs ont consenti à son adoption, qu'il soit de France ou d'ailleurs.

Nous avons montré depuis 1987 combien cet enfant pouvait s'enrichir d'une nouvelle vie, tout en élaborant le deuil d'une mère originaire (Ozoux-Teffaine, 1987). Cette mère originaire aura laissé des traces, de véritables trous psychiques, à la manière dont Green (1983) a décrit les traces de la mère morte dans le psychisme de certains patients. L'adoption offrira à l'enfant le moyen de reconstruire en lui un bon objet primaire. C'est bien cette reconstruction, en place et lieu d'une relation blanche, laissée par le désinvestissement des premiers parents, qui va caractériser la construction familiale adoptive. La famille n'aura donc de cesse de renforcer, en se construisant, cette intériorisation d'un bon objet chez l'enfant.

Les parents seront sollicités alors à plusieurs niveaux et à plusieurs moments par des manifestations diverses. Ils seront entraînés à vivre une aventure très particulière ponctuée de phases d'illusion et de désillusion. Cette aventure, quand elle se déroule dans de bonnes conditions, permet à l'enfant d'établir et de conserver un objet interne suffisamment bon. De rejeté et d'abandonné qu'il était, il pourra être adoré mais surtout investi au point de renverser en lui cette tendance préalable. C'est le deuil des images parentales insuffisamment bonnes qui pourra s'engager alors et se poursuivre tout au long de la vie familiale adoptive.

Pour ce faire, différentes phases sont essentielles :

3.1 La phase d'illusion recréatrice

C'est une phase d'idylle entre parents et enfants, dominée par un fantasme d'inclusion mutuelle, puis un fantasme de peau commune, tels que Anzieu (1985) les a décrits dans ses travaux sur le moi-peau. L'enfant restaure le narcissisme des parents qui ne pouvaient être tout à fait comblés jusque-là et, en même temps, il restaure son propre narcissisme primaire. De cette relation circulaire à la manière de celle qui ponctue les premiers moments de la vie naîtront les premières relations mère-enfant, parents-enfant du tissu familial adoptif. De la qualité de ces premières relations dépendront les développements ultérieurs des relations familiales.

C'est pourquoi j'ai mis l'accent sur l'importance de la première rencontre et de la préparation des parents et de l'enfant à cette première rencontre. Cette période initiale de l'adoption est marquée de régressions, si l'enfant adoptable est déjà grand, mais surtout de maternage, de corps à corps, de demandes orales affectives, qui sont en général vécues comme gratifiantes.

On ne saura jamais à quel point l'enfant qui a vécu un abandon, un délaissement ou une maltraitance grave demande à être entendu, porté, caressé. Plus sa vie antérieure aura été marquée de désintérêt ou de sévices, plus exclusive sera son attente. Être le seul et unique objet d'attention du couple parental devient une priorité pour l'enfant qui arrive tardivement à l'adoption. On peut rapidement entrevoir combien sera dur pour lui le fait même d'accepter d'autres enfants déjà là, surtout s'ils sont nés du ventre de cette nouvelle mère, et combien ne pourront être ignorées par la suite les manifestations d'envie qui s'y rattachent, au point parfois de faire basculer l'équilibre d'une famille déjà bien installée et toute bienveillante.

Pour s'assurer de ses nouveaux parents, il va exprimer les reviviscences d'un roman noir, sur son passé hors de la famille adoptive. Il va développer une série de récits sur les blessures dont il a été victime afin de mobiliser les affects réparateurs des adoptants. Et parce qu'il leur adresse ces histoires, inutiles à vérifier, il accomplit un acte fondateur de l'inscription de filiation, signifiant par là même, à ceux qui l'entendent et reçoivent sa douleur, qu'ils sont bien ceux qui l'ont sauvé du pire, ceux qu'il désigne alors comme père et mère œdipiens.

Exemples

Une petite fille de 4 ans demandait de la nourriture moulinée et réclamait des biberons alors qu'elle mangeait normalement auparavant.

Un garçon de 7 ans s'allongeait sur le ventre de sa mère pour en écouter tous les bruits internes à l'affût des bébés rivaux puis il l'embrassait sur la bouche comme pour s'assurer de pouvoir se réintroduire à l'intérieur de son corps. Un autre recherchait à être porté, caressé, enveloppé jusqu'à faire réagir les autres enfants de la fratrie préexistante.

Un jeune de 10 ans demandait des frictions sur le dos inlassablement à sa mère adoptive, chaque soir, comme pour s'assurer de l'intégrité de son corps, jusqu'à ce qu'elle soit épuisée, elle-même dans sa capacité à être mère.

Une adolescente de 12 ans parlait de son pays d'origine comme d'un paradis perdu certes, mais qu'elle cherchait à retrouver à travers les multiples sollicitations adressées à ses parents pour l'y reconduire, afin d'y vérifier, en quelque sorte, qu'aucune mère là-bas ne pourrait plus jamais la reprendre. Ce faisant, elle racontait cependant y avoir été assez malheureuse pour pouvoir en avoir échappé grâce à l'existence de ses adoptants.

Ainsi toute une série de manifestations se développent visant à établir l'illusion que l'enfant est bien en train de naître de cette famille, de devenir « fils ou fille de père et mère ». Cette illusion, au sens winnicottien du terme, est bien celle par laquelle l'enfant peut créer la mère puis le père, illusion nécessaire autant que vitale qui fonde l'inscription des premiers liens.

Mais survient ensuite :

3.2 La phase de désillusion structurante

C'est une phase dominée par un fantasme de déchirure de cette peau commune. D'attaché qu'il était, l'enfant devra se détacher pour se constituer une autonomie propre, et passer au stade de l'individuation. L'enfant accède d'abord au narcissisme secondaire. Il devient le plus fort et le meilleur. Il est fier de sa maison, de sa famille, des objets dont il est devenu propriétaire, ainsi que de son nouveau nom et même de son nouveau prénom si on l'y laisse aller. C'est à ce stade de l'expérience que s'impose curieusement une nécessité pour lui d'appartenir à sa nouvelle famille par l'adoption du patronyme, comme par celle d'un prénom rêvé par ses adoptants, à condition toutefois que ceux-ci l'introduisent de façon symbolique, au bon moment. Mais il ne faudrait pas croire que ceci constitue un signe exclusif de sa nouvelle appartenance, bien qu'il y participe particulièrement.

Au bout d'un certain temps de vie commune cette idée par laquelle l'enfant, d'abandonné qu'il était, devient l'enfant adoré devra être partagée non seulement par le couple adoptif mais aussi, et surtout dans le cas des adoptions tardives, par l'ensemble de la parentèle, qui portera l'inscription parmi les siens de cet enfant-là. Et pourtant des périodes de tensions, de colères vives, de caprices et de crises visant à déstabiliser le couple et la famille vont surgir, comme si soudain ceux qui avaient été si bons devenaient si méchants qu'il leur attribue presque l'intention de le rejeter à nouveau.

Ainsi s'expriment les traces de la « mère morte », qui persistent en lui… pour être dépassées.

Exemples

De jeunes enfants prétendaient que la nourriture était mauvaise, devenue maléfique. Ils cherchaient à alerter les voisins par leurs cris, laissant planer le doute sur des sévices éventuels. Et des mots reviennent assez souvent… « Jamais il n'a été aimé, jamais ils n'ont été ses parents, jamais il ne pourra être aimable, se vivant à présent comme le mauvais objet du couple parental originaire abandonnant, jamais il ne devra se laisser adopter puisque d'autres parents géniteurs existent quelque part. »

3.3 Du roman noir au nouveau roman de ses origines

C'est un temps difficile auquel les adoptants sont confrontés, un temps marqué par l'ingratitude et l'insatisfaction, mais à défaut de le supporter et de le traverser, l'aventure pourrait échouer. Il leur faut « tenir », pour qu'advienne chez le jeune adopté le sentiment qu'ils ne sont justement pas conformes à ce qu'il redoute. Car il conserve, malgré lui, une image redoutable des parents originaires, contre laquelle il lutte et dont il cherche à se décharger en la projetant sur ses adoptants. C'est en résistant sans se sentir persécutés dans leur amour-propre que les adoptants permettront à leur enfant de poursuivre le deuil des *imago* parentales originaires abandonnantes. Pour que les bénéfices de la construction familiale adoptive se maintiennent, il sera nécessaire que parents et enfants supportent les effets du roman noir, la traversée des fantaisies du roman familial et le passage par la désillusion. Moyennant quoi, le réaménagement par le jeune adopté d'un nouveau roman de ses origines deviendra possible, marquant alors un tournant important dans l'accès à une position dépressive, selon le concept de Klein (1928). Cette position est celle par laquelle le jeune renoncera à courir après le mythe des parents d'ailleurs et adoptera vraiment ses parents d'aujourd'hui, pour toujours.

Cherchant à construire à sa manière le récit de ses origines qui, loin d'être oubliées, sont ravivées, colorées, remaniées pour qu'il devienne le héros d'une nouvelle histoire, il prendra le rôle de celui qui « sauve » à son tour, dans une identification à ses adoptants, recréant cette fois-ci la scène de son adoption. Si la terre originaire peut être retrouvée, l'identité en revanche aura été transformée et son expérience psychique aussi.

C'est le moment de la formation des idéaux humanitaires et l'accès par la sublimation aux projets et professions essentiels à la maturation vers l'âge adulte. La manière dont auront été transmises par les intermédiaires les bribes du passé peut faciliter cette formation ou au contraire l'entraver. L'adoption tardive peut la favoriser dans certaines conditions de sa mise en place. Nous retrouvons la responsabilité du tiers social dans ce mode de filiation. Nous pouvons avancer que l'adoption tardive participe à l'histoire de l'humanité et à celle de chacun de nous…

Exemples

Un garçon de 17 ans parle du Canada où il n'a passé que les deux premières années de sa vie comme du pays où il veut aller vivre et travailler en qualité de « restaurateur », pour y faire de la bonne cuisine.

Une adolescente de 16 ans déclare qu'elle ira soigner les enfants de l'orphelinat qu'elle a connu durant 9 ans.

Un adolescent de 15 ans désire retourner voir le Maroc où il n'a été qu'en voyage avec son père géniteur dont il a oublié le patronyme.

Une fillette de 8 ans fait un rêve qu'elle raconte à sa mère adoptive, dans lequel elle se débat contre sa mère d'accueil précédente, qui veut lui enlever le chapeau qu'elle porte. Lorsqu'elle en parle le matin, elle est soulagée de porter son nouveau nom et son nouveau prénom.

Une jeune fille d'origine coréenne, arrivée à l'âge de 5 ans, est devenue assistante sociale de l'ASE, chargée de l'agrément des candidats à l'adoption.

4 Retour de l'originaire

Un jour surgiront tôt ou tard les questions essentielles de l'enfant à ses parents : « Comment es-tu devenu fils ou fille de ? Et pourquoi m'as-tu adopté ? » Questions qui resteront la préoccupation de l'adopté devenant adulte… face aux adultes qui l'entourent…, mais encore faudra-t-il les décrypter. Nous allons voir que dans certains cas où le jeu des rencontres est laissé au hasard sans qu'aucun intermédiaire qualifié n'intervienne ou de façon trop administrative, dès le début de la mise en relation entre parents et enfant, tout est à « rejouer »… sur une scène thérapeutique nouvelle, telle que la thérapie familiale psychanalytique l'autorise, afin qu'émerge une forme de régression vers cette phase de l'illusion recréatrice.

Exemple

Pavel (quinze ans) est arrivé en France à l'âge de six ans, il avait été proposé à l'adoption en Ukraine à des parents qui étaient recommandés par un organisme agréé pour le recevoir. Ils se sont rencontrés pour la première fois à l'orphelinat quelques années après le décès accidentel de sa mère biologique, son père ayant été porté disparu bien avant, relevant d'un état d'alcoolisation aigu. Dans les premiers moments de l'adoption, rien ne paraît inquiéter sa famille bien qu'une certaine indifférence affective et l'évitement d'une régression eussent dû rester préoccupants. Mais l'entrée à l'école fait l'objet d'un intérêt particulier des parents parce qu'il ne fallait pas perdre de temps. De fait, l'enfant va s'adapter à ce cadre nouveau au point que, adolescent, il devient responsable du groupe scolaire devant des camarades dont il épouse rapidement la cause lorsque ceux-ci se posent en victimes. En même temps se développe une relation parentale dominée par des soucis éducatifs et l'apprentissage scolaire. Or, des vols à la maison comme des avertissements de l'école pour des comportements agressifs, une capacité de cliver les relations et d'en jouer vont irriter son père, qui en viendra aux punitions et aux châtiments corporels. Un placement de l'adolescent est prononcé et sa réalité passée reprend entièrement le devant de la scène…

En séance de thérapie familiale psychanalytique, Pavel développera un roman sur ses origines, car il « se souvient » d'une vie fort investie là-bas avec un petit frère d'orphelinat qu'il a laissé en partant. Il montrera un attachement à des traces mnésiques reconstruites dans l'après-coup. Il peut être alors le héros d'un groupe d'appartenance, constitué par des pairs, frères d'un « passé composé »… d'une vie collective et de liens privilégiés à la mère biologique décédée et à un père disparu qui devient le « vrai père ».

☞

☞

Dans cet espace intérieur à lui-même, il est persuadé que ses parents adoptifs l'ont acheté, ce qui rejoint l'imagerie populaire colportée par son environnement scolaire, mais surtout qu'il n'a plus rien à faire avec eux, puisque seule doit dominer sa réalité passée au risque d'annuler sa filiation légitime. « Je n'ai rien à voir avec ces gens-là bien que j'attende tout d'eux en profitant de leur famille et de leurs ressources. »

Sur les adoptants qui s'y prêtent se projettent des imagos maléfiques que les mauvais traitements ont réactivées comme si elles avaient été convoquées là irrémédiablement. Ainsi, les rapports qu'entretient Pavel avec sa réalité passée sont tout à fait liés aux « traces mnésiques », lesquelles ne peuvent émerger que dans leur versant négatif. La confrontation physique avec le père en marquait la présence, mais elle n'a été entendue que dans le champ social et éducatif, renvoyant les partenaires à la culpabilisation, ce que l'enfant appelle... depuis son origine.

C'est donc la réalité manquante qui fait trauma et non la réalité enfouie qu'il suffirait d'extirper, au gré des séances. Et, pour l'atteindre, il nous faudra en passer par le détour obligé des éprouvés contre-transférentiels intenses au contact de cette famille, laquelle évite depuis si longtemps le registre régressif. En séance, l'émotionnel et le sensoriel nous submergent en permanence, comme pour colmater les brèches du tissu relationnel endommagé et masquer l'accès aux représentations de choses et aux représentations de mots. Mais la séance, dans sa capacité regrediante, nous autorise à percevoir l'ébauche d'une figuration du lien de filiation dans son versant négatif, véritable dénégation de la filiation que la conscience ne peut supporter.

Le lien de filiation reste endommagé par la perte de l'objet primaire (ici l'objet maternel mort) et seule domine la reviviscence dans la séance de ce négatif... trou, béance qui vient en place d'un accordage parents-enfants, au risque de voir émerger la haine, autre face de l'amour, très souvent invoquée en adoption. Or, le passé des adoptants porte en lui-même des traces traumatiques, et c'est le cas de la lignée paternelle de Pavel. Son père adoptif a laissé de côté volontairement et depuis longtemps son propre père, car il ne s'est jamais senti soutenu par lui. La rupture père-fils n'a pu s'élaborer, le lien transgénérationnel paternel est lui-même endommagé. Il ne pouvait y avoir qu'un retour brutal vers le passé biologique de l'enfant, en raison de cette discontinuité, donc de la fragilité préalable du lien filial transgénérationnel.

Cette capacité de l'enfant de rencontrer de nouvelles racines, malgré des carences ou des traumatismes qu'il aurait pu supporter, fait souvent très peur à tel point qu'on préfère se dire qu'il ne pourra pas surmonter la séparation (Ozoux-Teffaine, 1988). Aussi s'organisent bien des résistances au changement, afin de maintenir les choses en l'état, quitte à favoriser le passage en adoption sans modification particulière, dans la même famille. Et, pour autant, c'est avec une certaine naïveté qu'il est plus facile d'imaginer extraire un enfant d'ailleurs, de l'étranger, de l'étranger à soi-même, et de le rapporter sous l'effet de l'urgence, en raison de lourdes réalités, mais en dépit des précautions qui doivent pourtant entourer toute transplantation du vivant ! Si toutes les adoptions font l'objet d'un contrôle de légalité, peu sont entourées de préparation du côté de l'enfant comme du côté des parents, comme nous le montre cette brève histoire…

Précipités qu'ils étaient vers l'urgence à extraire l'enfant, les parents n'ont eu recours pour tenir qu'aux traces mnésiques factuelles, qui leur permettaient aussi de se protéger eux-mêmes de l'incidence de leurs propres histoires. C'est pourtant à parler d'eux dans leurs rapports avec leur filiation qu'ils sont confrontés : « Comment es-tu devenu fils de ? », telle est la question de l'adolescent en souffrance d'inscription de filiation. Or, des mécanismes de défense sont convoqués pour la masquer, tels que l'agir ou l'explosion haineuse. Nous pourrions avancer que l'amour adressé à l'enfant adopté engage un sentiment si possessif qu'il aurait un impact assez traumatique par un renversement en son contraire.

À l'adolescence tout particulièrement, le « Pourquoi m'as-tu adopté ? » ressurgit comme une question laissée en suspens depuis la première rencontre… pour finir par devenir plus tard, avec la levée du refoulement, celle qui anime la quête des origines. Surgiront alors des manifestations corrélatives des traces traumatiques chez l'enfant, sous forme impérieuse d'avoir à être porté, enveloppé, entouré par le groupe familial, qu'un groupe thérapeutique peut venir étoffer, véritable appareil psychique groupal relayant la défaillance de l'appareil psychique familial, par le dispositif d'une TFP.

Dès lors, il conviendra de ne pas s'égarer sur la seule étiologie événementielle de l'enfant, mais de retenir la manière dont s'articulent les réalités psychiques de chaque partenaire de la scène adoptive : parents-enfants. C'est ce qui signe l'inscription de filiation adoptive, l'inscription dans une autre histoire. En 1954, Winnicott affirmait que « les enfants ont davantage besoin de leurs parents que d'être aimés ; ils ont besoin de quelque chose qui subsiste lorsqu'ils sont détestés, et même détestables ».

Aujourd'hui avec des voix plurielles, nous avons montré combien les enjeux de l'adoption tardive pouvaient nous obliger à reconsidérer de nouveaux fondements pour la clinique. Clinique de la filiation adoptive certes, mais aussi procréative, au moment où le roc du biologique pourrait l'emporter sur la force des racines psychiques. D'ailleurs, qu'il soit procréé ou adopté, le destin de l'homme confronté aux origines n'a-t-il pas toujours été revitalisé par une reconstruction de son patrimoine, non pas génétique mais essentiellement historique, reconstruction toujours inachevée ?

Bibliographie conseillée

Anzieu D. (1985). *Le Moi-peau*, Paris, Dunod.

Eiguer A. *et al.* (1997). *Le Générationnel*, Paris, Dunod.

Green A. (1983). *Narcissisme de vie, narcissisme de mort*, Paris, éd. de Minuit.

Kaes D. (1985). « Filiation et affiliation », dans *Revue Gruppo*, *I*, 23-46.

Ozoux-Teffaine O. (1985). « Séparation insolite en adoption tardive », dans *Le Journal des psychologues*, n° 32, 46-48.

Ozoux-Teffaine O. (1987). *Adoption tardive, d'une naissance à l'autre*, Paris, Stock-Pernoud.

Ozoux-Teffaine O. (2004). *Enjeux de l'adoption tardive, nouveaux fondements pour la clinique*, Toulouse, Érès.

Soule M. *et al.* (1986). *Le Secret sur les origines*, Paris, ESF, coll. « La Vie de l'enfant ».

Winnicott D. (1951-1953). *Essais de psychanalyse*, Paris, Payot.

Winnicott D. (1956). *De la pédiatrie à la psychanalyse*, Paris, Payot.

8 L'ADOPTION ET L'HISTOIRE DE L'ORIGINE[1]

1 Est-ce d'abord l'œuf ou la poule ?

Est-ce que je serai capable de répondre à la question : « Est-ce d'abord l'œuf ou la poule ? » Je crois qu'il y a une réponse possible. Ce n'est pas moi qui l'ai trouvée, cette réponse, c'est une petite fille de huit ans qui, aussi absurde que cela puisse vous paraître, me l'a suggérée. Elle était saint-augustinienne, cette fille. Vous voyez, à 8 ans, on peut avancer des vérités à la taille de celles que travaillait saint Augustin en son temps.

2 J'ai trois questions à te poser

2.1 De quelle vérité je parle ?

Observation

C'est l'histoire d'une petite fille que j'ai vue *à deux reprises* entre 4 et 9 ans. Très jeune, elle a été placée dans une famille d'accueil et n'avait plus de contact avec ses parents de naissance. Elle m'a été adressée pour une thérapie par le service de l'ASE à l'âge de 4 ans.

☞

1. Par Nazir Hamad.

☞

J'ai un petit coffre dans lequel je mets des petits objets à la disposition des enfants. Elle a élu un petit poney avec une boîte de maquillage qui allait avec. Elle passait son temps à maquiller ce poney et puis, à la fin de chaque séance, elle essayait toujours de partir avec le poney. Il fallait négocier séance après séance pour qu'elle laisse ce poney. Mais comme elle ne voulait pas que les autres enfants y touchent, on avait trouvé un endroit pour le « planquer » et c'était la seule condition sous laquelle elle acceptait de laisser ce poney dans mon cabinet.

La thérapie a duré un an et demi, deux ans. Je l'ai revue quelques années plus tard. Sa mère d'accueil m'a téléphoné en me disant : « Écoutez, voilà, vous vous souvenez d'elle ? » Il se trouve que j'oublie rarement le nom d'un patient que j'ai suivi. Je lui dis : « Mais bien sûr, qu'est-ce qu'elle devient cette damoiselle ? — Justement, m'a-t-elle dit, elle veut vous revoir, elle a des questions à vous poser. » J'ai revu une grande fille quand même de 8-9 ans, j'ai dit : « Tiens ! Qu'est-ce qui t'amène ? Il paraît que tu as des questions à me poser ? »

Elle. — Oui, oui, j'ai trois questions.

Moi. — Tu vas me les poser ces questions ?

Elle. — Oui ! D'abord, je veux savoir pourquoi une mère abandonne sa fille. Deux : je voudrais savoir qu'est-ce que c'est qu'une vraie mère et la troisième chose : je voudrais demander à mon père de me donner le poney avec lequel je jouais quand j'étais petite.

Inutile de vous dire que ce n'est pas l'analyste qui était son père mais, dans le transfert, il y a eu un travail de construction et c'est le travail de construction qui a fait famille pour elle. Dans son récit à elle, dans ses souvenirs à elle, dans sa mémoire à elle, il y avait un père, et ce père, cette fonction paternelle, a pris appui sur la personne de l'analyste que j'ai assurée auprès d'elle à ce moment-là. Je n'avais pas à répondre à cette question, je n'avais pas à lui dire : « Tu te trompes, c'était chez moi que tu as joué avec ce poney. » Ce poney a joué un rôle essentiel, fondamental, car il était en quelque sorte le pilier sur lequel cette fille a construit ses mythes individuels.

2.2 *C'est quoi l'origine ?*

L'origine, rien qu'à reprendre cet élément, n'est qu'un mythe que chacun œuvre à construire. C'est ce qu'on appelle le mythe individuel. Cependant, au-delà des mythes individuels il y a des mythes collectifs. Pour elle, il y avait un père qui lui a donné un poney. Ce poney fait partie de son histoire – je n'ai pas eu le temps de retravailler avec elle ce que représentait par la suite ce poney – mais, toujours est-il, un mythe individuel puise toujours ses éléments dans les mythes collectifs. Le père de la réalité est investi en tant que tel dans la mesure où il y a du père qui fonde, en tant que référence symbolique, le lien social.

Qu'est-ce qu'on dit par exemple quand on répète que « Dieu a créé la Terre et les vivants en six jours, et [qu']il s'est reposé le septième jour » ? Pour le croyant, cela ne comporte pas le moindre doute. Pour le non-croyant, il s'agit d'un récit fondateur, exactement comme les contes d'enfants, qui peut aussi assurer une fonction structurale. On a besoin de ces récits, de ces mythes, pour poser des repères qui nous servent à répondre à la question des origines. C'est bien ça, la question au sujet de ce qu'il y avait d'abord. Une de ces questions qui a à faire avec l'origine est celle-ci : « Qu'est-ce qui est d'abord, l'œuf ou la poule ? » J'y reviendrai.

J'ai dit à cette fille : « Écoute, tu me poses des questions très difficiles et je t'avoue que je n'ai pas la réponse. Je ne sais pas pourquoi une mère abandonne son enfant et je ne sais pas ce que c'est qu'une vraie mère, tu vas m'aider toi. »

« Tiens par contre, j'ai une devinette à te poser. Est-ce que tu aimes les devinettes ? » Elle m'a dit : « Oui, j'aime les devinettes. » J'ai dit : « Tiens, il y a une poule qui pond un œuf et une autre poule qui le couve, qui est la vraie mère ? » Elle me répond : « Oui, eh bien, c'est celle qui a pondu l'œuf. » Je dis : « Tu vois, tu as une réponse, voilà, c'est une réponse que tu as trouvée toute seule. » Cette fille me regarde l'air insatisfait et rajoute : « Au fait, c'est pas ça. »

J'ai dit : « Alors, c'est quoi ? » Elle répond : « C'est sûrement celle qui a couvé l'œuf. — Tu vois, il n'y a pas qu'une seule réponse, il peut y en avoir deux, voire plus. » Et puis elle me regarde toujours non satisfaite et rajoute : « Il faut les deux. » Conclure de la sorte implique que ce n'est pas important de savoir qui est la vraie mère. J'ai dit : « Tu vois, ça fait une troisième réponse et j'aime beaucoup cette troisième

☞

☞

réponse parce qu'elle me parle un peu plus. » Elle me dit : « Ça vous parle de quoi cette troisième réponse ? — Ça parle de toi parce que tu es venue me poser une question et tu as la réponse : il y en a deux, et peu importe laquelle est la vraie. Voilà, mais tu es aussi venue parce que tu voulais savoir si tu voulais adopter ta mère d'accueil ou pas ! » Elle m'a dit : « Oui, je voudrais demander votre avis. »

Moi. — Mais pourquoi tu veux demander mon avis ?

Elle. — J'ai répondu à ma question mais je sais toujours pas qui c'est cette femme pour moi.

Moi. — Est-ce que tu l'aimes bien ?

Elle. — Oui.

Moi. — Tu l'appelles comment ?

Elle. — Maman.

Moi. — Quand tu l'appelles maman, est-ce que tu as l'impression d'avoir affaire à une vraie maman ?

Elle. — Oui, quelle question !

Moi. — Voilà, tu viens de me dire aussi qui est la vraie maman pour toi.

Elle. — La vraie maman, c'est celle qui nous donne des câlins quand on est malheureux.

Moi. — Voilà ! Une vraie maman, c'est la maman de la réalité. S'il y a une vraie maman, c'est celle-là. Il y a une maman qui t'a mise au monde, moi je l'appelle la génitrice, et il y a une autre maman, la maman de la réalité. C'est celle qui s'occupe de nous et celle qui nous donne un câlin quand on est malheureux, c'est-à-dire, c'est celle qui nous élève. Il n'y a de vraie maman que celle qui est là au moment où on a besoin d'elle. Un vrai papa, c'est celui dont on a besoin, qui sait être présent pour nous et pour sa femme. La première question que tu as posée et la réponse que tu as trouvée nous expliquent parfaitement comment on vient au monde et pourquoi il est nécessaire d'être plusieurs : une génitrice, une mère qui s'occupe de nous quand la génitrice ne peut pas le faire. Cela est vrai aussi pour le père.

3 Pour qu'il y ait adoption il faut un abandon

Il y a des parents qui n'arrivent pas à adopter leurs propres enfants. C'est une réalité constante. Les statistiques démontrent qu'année après année, décennie après décennie, on retrouve le même pourcentage, 7 à 8 % de parents rencontrant des problèmes suffisamment sérieux qui nécessitent des mesures socio-éducatives dans leur milieu familial. Autrement dit, peu importent l'époque et son évolution socioculturelle, il y a toujours une frange de la population qui n'arrive pas à élever ses propres enfants pour une raison ou pour une autre.

Il est vrai que de nos jours, les services de l'Aide sociale à l'enfance (ASE) favorisent le maintien des enfants dans leur famille d'origine, parfois en dépit de toute logique. D'ailleurs, c'est pour cette raison qu'il y a moins d'enfants placés et moins d'enfants orientés vers l'adoption. Ainsi, dans les années soixante-dix, on comptait 200 000 enfants pris en charge physiquement par les DDASS. Les pupilles de l'État étaient estimés à 20 000 enfants. En 2005, les pupilles ont été 2 000.

3.1 Qu'est-ce qu'une vraie famille ?

Maintenir les enfants dans leur famille d'origine garantit-il une meilleure prise en charge pour eux ? Répondre à cette question nous renvoie à la question de Marie : Qu'est-ce qu'une vraie famille ? Qu'est-ce qu'une vraie mère ? Voilà, on est là à se poser la question de l'œuf et de la poule. En quelque sorte, Marie a repris à son compte ce débat qui opposait il y a seize siècles saint Augustin aux manichéens. Lui-même avait été manichéen avant de devenir chrétien lors d'un voyage à Rome. Sa conversion lui avait permis de changer d'adversaire. Autant il s'opposait aux chrétiens avant sa conversion, autant il était devenu l'opposant acharné des manichéens. Les manichéens lui avaient posé la question suivante sur la création : « Si Dieu décide tout à coup de créer la Terre, de créer les hommes, etc., alors dites-nous ce qu'il faisait, ce Dieu, avant de créer le monde. Il chômait ? Pourquoi, tout à coup, Dieu décide de créer ? » Saint Augustin y avait répondu en commentant : « Si vous posez la question pour me demander si l'acte de la création était un acte historique ou anhistorique – si vous dites : la création est un acte historique – vous aurez raison, il y a un avant de la création et un après. Un avant, pendant lequel on ne sait pas ce que Dieu faisait, et un après, c'est-à-dire, c'est l'histoire qui commence avec la création. »

Mais il n'y a rien dans le récit qui nous dise que l'acte de la création soit un acte historique. On peut postuler – il a posé ce postulat – que le temps, la création et le verbe sont trois moments inséparables, c'est-à-dire, la création n'est pas un temps historique, elle s'est faite avec le temps. Si on dit « avec le temps », cela implique qu'il n'y a pas un avant, qu'il n'y a pas un après, et que ça a toujours été comme ça. L'avant s'inscrit donc dans ce qui est, dans le refoulé et dans ce qui est perdu à jamais. Le réel, c'est ce qui revient toujours à sa place, dit Lacan. Il n'y a de réponse que fictionnelle.

C'est exactement ce que cette fille disait. Qu'est-ce qu'une vraie mère, la génitrice ou celle qui est venue après ? S'il y en a une qui l'a soutenue et l'a aidée à grandir, à réfléchir, c'est qu'elle se reconnaît dans une histoire vivante. La génitrice et la mère d'adoption s'inscrivent toutes les deux dans cette histoire où chacune occupe une place qui cherche à se faire reconnaître. Ainsi, la vraie mère n'est plus une question d'antériorité mais une question de place. La place n'a pas de sens si l'une n'a pas donné à l'autre l'occasion d'exister dans la vie de cette fille. Celle-ci a eu au moins deux femmes qui l'ont aidée à grandir. Elle n'aurait pas été là si l'une d'elle avait fait défaut. Il y en a eu deux, l'une est la condition de l'autre. Mais dire cela signifie que pour qu'il y ait mère, il faut que quelque chose se détache des deux. Ce quelque chose est le signifiant mère qui a fonctionné pour elle. Sa démarche consiste à articuler ses propres signifiants pour faire de ce qui constitue sa particularité un récit racontable qui lui permette de subjectiver son histoire et de construire ses mythes individuels.

3.2 Qu'est-ce que le récit ?

Qu'est-ce qu'on fait, par exemple, quand on raconte l'histoire de sa famille ? On évoque l'histoire des générations qu'on avait connues dans la réalité ou grâce aux témoignages de ceux qui les ont connues. On remonte les générations et puis, tout à coup, on s'arrête parce que le reste relève de la fiction familiale. L'histoire familiale est un récit. Un récit n'a pas besoin d'être vrai pour être opérant. On le reçoit en tant que tel, s'identifiant parfois aux éléments de ce récit. « On m'a dit que mon arrière-grand-père était d'un tel ou tel caractère », et voilà que je m'identifie à ce qu'on m'a dit alors que ni moi ni aucun membre de la famille vivant n'a jamais connu cet arrière-grand-père. On a affaire à ce récit et cela suffit pour adopter ce trait de caractère.

Le travail clinique nous apprend que le symptôme est un nœud de sens qui se forme à partir des éléments du récit. Quelqu'un qui vient en analyse cherche souvent à démêler ce qui dans ce nœud vient figer les éléments de sa propre histoire qui fonctionnent comme s'ils appartenaient au présent, comme s'ils faisaient partie de son vécu au présent. Autrement dit, il n'y a rien qui vienne départager les temps renvoyant le passé au passé par exemple. Dans l'histoire des symptômes de quelqu'un, tout se vit au présent et c'est pour cela qu'un symptôme continue à vous interroger, à vous coller à la peau et ne vous quitte que quand il y a la possibilité pour vous de le déchiffrer, de l'articuler, de le réécrire autrement. C'est-à-dire, d'un récit dont on a hérité, d'un récit qui préside à notre naissance, d'un récit qui préside à notre vie, on fait une coupure et, à partir de cette coupure, on construit son propre récit. Il s'agit de faire de ce récit quelque chose qui serait le sien en y introduisant les coupures qui permettent d'écrire sa version personnelle. « Ce que de tes parents tu as hérité, fais-le tien », disait Goethe.

4 Clinique de l'adoption

En adoption, c'est le drame permanent. Pourquoi ? Je vous donne un exemple : combien de fois n'ai-je vu arriver chez moi d'hommes ou de femmes de 40 à 50 ans qui se présentaient en disant : « Je suis un enfant adopté » ? Pour moi, c'est vraiment une grande surprise de voir arriver quelqu'un de 40-50 ans qui a vécu sa vie, qui a fait des enfants, qui a un travail et qui se présente toujours comme étant un enfant adopté. Je me suis posé cette question à maintes reprises : comment un enfant adopté est-il condamné à rester un enfant adopté ? Est-ce que cela fonctionne chez lui comme un statut, qui lui colle à la peau ?

Marie, la jeune fille en question, a commencé très tôt à se poser cette question quand elle dit : « Qui est ma vraie mère ? » Cette même fille aurait pu se présenter plus tard comme étant une enfant adoptée. Et en travaillant avec des personnes qui ont été adoptées, j'ai dégagé quelques éléments qui sont pour moi des éléments cliniques très intéressants pour tous ceux qui travaillent dans le domaine de l'adoption.

Premier constat que je fais : vous adoptez un enfant, les familles adoptives qui adoptent un enfant racontent normalement la vérité de son adoption à l'enfant. C'est rare de trouver des enfants qui ne connaissent pas leur histoire, ou qui ne savent pas qu'ils sont des enfants adoptés. De nos jours, tous les enfants connaissent des éléments de leur histoire, en tout cas, les éléments de base, c'est-à-dire qu'ils ont été adoptés, que ce soit en France ou à l'étranger, ainsi que les conditions de leur adoption. Comment poser la frontière entre dire la vérité sur son adoption à un enfant et faire ériger cette vérité en tant qu'élément identitaire ?

Voici des petits exemples qui illustrent mes propos.

Des parents adoptifs me posent des questions au sujet de la conduite à suivre pour accueillir l'enfant. Voici une de ces questions : « Nous avons adopté un enfant. Combien de temps il faut le garder avant de l'envoyer à l'école ou avant de l'envoyer en colonie de vacances ? Est-ce qu'il faut le garder un an à votre avis, deux ans ? » Quand je leur demande : « Pour quoi faire ? », ils répondent : « Parce que ces pauvres enfants n'avaient pas de parents et maintenant, il faut absolument qu'ils s'adaptent à nous. On nous a dit que ces enfants régressent, est-ce qu'on leur donne un biberon ? »

Une autre question : « Est-ce qu'on dit à l'école que c'est un enfant adopté ? — Mais pour quoi faire ? — Parce que vous savez notre enfant risque de poser des problèmes ou des difficultés d'apprentissage. Si on révèle son adoption à la maîtresse, elle va essayer de faire attention à lui ou à elle. »

D'autres parents sont tellement épris de la vérité qu'ils ne cessent de le dire à tout venant : « C'est notre enfant adopté. »

La question qui surgit à partir de ces situations est : « Mais quand est-ce que votre enfant arrêtera d'être un enfant adopté ? » Qu'est-ce qui vous oblige à le présenter toujours en tant qu'enfant adopté ? Il y a un moment où l'enfant adopté devrait cesser d'être adopté, ne serait-ce que dans votre discours. Il faut qu'il puisse entrer dans l'anonymat, comme tout enfant. Si lui-même veut dire à l'école qu'on l'a adopté, c'est son problème, il peut le dire, on en parlera par la suite. Mais à toujours anticiper, à dire aux gens que cet enfant est adopté, cela revient finalement à dire que vous lui donnez un statut à part. Il restera toujours, quoique vous pensiez, votre enfant, mais adopté. Voilà une explication de ce qui vient figer les hommes et les femmes dans un statut d'enfant adopté.

Cependant, il y a des faits incontournables. Les Français, par exemple, ont adopté à l'étranger 4 136 enfants en 2005 et 3 163 enfants en 2007 (Peyré, 2009). Ils nous arrivent de 75 pays. Ils sont donc divers du point de vue phénotypique. Il est vrai que la question se pose sur l'origine de l'enfant quand, par exemple, des parents blancs inscrivent un enfant noir à l'école ou à la crèche. De toute manière, l'adoption est un phénomène tellement courant de nos jours qu'il est rare qu'un Français ne connaisse pas quelqu'un d'adopté ou qui ait adopté. Bref, que la différence de phénotype suscite des questions quant à l'origine de l'enfant n'est pas de nature scandaleuse ou choquante.

4.1 Illustration

Un élément qui me semble intéressant dans le discours de ceux qui ont été adoptés, c'est quand, adultes, ils disent : « Je suis un enfant adopté ». C'est quelque chose qui s'inscrit dans leur histoire comme un événement majeur, comme un événement marquant. Cet événement est tellement marquant qu'il les fige dans ce moment et dans cet acte. L'acte d'abandon par exemple.

J'ai reçu une dame d'origine africaine qui a été adoptée en Afrique. Elle est venue me voir parce qu'elle ne savait pas quelle position prendre quant à la décision de son père de lui faire une donation. C'était une famille bourgeoise qui a eu une fille biologique après l'adoption, comme ça arrive parfois. On adopte un enfant et, quelque temps plus tard, la mère adoptive tombe enceinte. Cette dame avait donc eu une sœur née à la suite de son adoption. Le père, arrivant à un certain âge, voulait faire une donation à ses enfants. Il leur a dit : « La meilleure façon, c'est que chacune achète un appartement. Je vous donne de l'argent et chacune de vous aura ainsi son appartement. »

Ma patiente avait réagi en disant : « Je ne veux pas de ton argent. — Tiens pourquoi ? — Je t'ai rien demandé, je n'ai pas demandé à être adoptée par toi et par ta femme et je ne veux pas de ton héritage. »

Cette patiente a toujours posé un problème à l'école ainsi qu'en société. Elle a fréquenté beaucoup les délinquants d'origine africaine auxquels elle s'est identifiée en tant que femme noire. Elle ne s'est jamais reconnue dans sa mère adoptive ou dans son père adoptif. Et cela s'est révélé comme une véritable souffrance pour tout le monde. D'ailleurs, il n'est pas rare qu'une femme ou qu'un homme ne se reconnaisse pas dans la couleur de l'enfant adopté ou que l'enfant ne se reconnaisse pas dans la couleur de ses parents. Bref, cette fille a tout fait pour jouer à l'Africaine exactement à l'image du discours qu'on transmet au sujet des Africains. « Ils sont mauvais à l'école, ils ne travaillent pas bien et ils virent souvent vers la délinquance. » Elle a tout fait exactement comme on parle des Africains autour d'elle.

J'ai posé à cette jeune femme la question suivante : « Quand un enfant naît, qu'est-ce qu'il demande à ses parents, vous avez une idée ? Qu'est-ce que vous avez demandé à votre génitrice pour naître, vous, vous avez une idée ? Vous avez demandé quelque chose ? » Elle me répond : « Qu'est-ce qui me dit que si j'étais restée en Afrique je ne serais pas plus heureuse qu'en France ? » Je dis : « Là alors, là franchement, une question comme ça, je ne sais pas comment vous répondre, ni vous d'ailleurs. »

4.2 La question du destin

Statistiquement, il est possible de faire une hypothèse. Vous avez vécu, vous êtes né à Dijon, les gens de votre génération y vivent et y travaillent. Il est possible, à partir de ce qu'ils ont fait comme études, et de ce qu'ils font comme travail, de dire dans quelle catégorie sociale ou professionnelle vous auriez pu être. On pourrait donc imaginer comment vous seriez, comment vous auriez pu vivre à Dijon. On peut calculer tout cela avec une marge d'erreur réduite. Il est possible de faire cela mais à la seule condition d'oublier que le destin individuel est toujours autre.

Comment compter le destin individuel ? Quand quelqu'un qui aurait connu une rupture dans sa vie, comme par exemple un enfant adopté, nous pose la question : « Est-ce que mon destin est mon destin ? Autrement, est-ce que ma vie est ma vie ? Est-ce que je suis vraiment ce même enfant africain qui est né là-bas et qui a grandi en France avec des gens différents et dans une culture différente ? Est-ce que la vie que je vis au jour le jour est la continuité de ma vie d'enfant africain ? Est-ce que je peux me compter comme cette femme française vivant dans une ville française et à laquelle on a inculqué la culture française ? »

Quand on est travaillé par de telles questions, il ne faut pas s'étonner de découvrir qu'il y a des enfants qui n'ont jamais adopté leurs parents. Autrement dit, il n'y a pas que les parents qui adoptent. Un enfant qui ne se reconnaît pas dans son destin ou dans sa vie auprès d'un père ou d'une mère d'adoption tend à les mettre au défi de dire ce qu'il en est pour eux du vrai destin et de la vraie vie. Y a-t-il vraiment une réponse susceptible de satisfaire leur désir de savoir ? Je ne le crois pas.

Dans les conditions normales, quand les enfants sont animés par le désir de savoir sur leur origine et que les parents adoptifs leur racontent ce qu'ils savent, ce savoir, les enfants le réclament une fois, deux fois, trois fois et puis, à un moment ou à un autre, ça tombe dans l'oubli, ça ne les intéresse plus. Mais chez quelques enfants adoptés, notamment ceux qui ont du mal à adopter leurs parents, il y a toujours ce quelque chose de plus à savoir, quelque chose en rapport avec l'avant. Ils n'arrivent pas à se projeter dans le temps comme on le fait quand on a connu son histoire, quand on a vécu avec ses parents, ses grands-parents et quand on a hérité de ce récit qui permet à notre imaginaire de se déployer.

Qu'est-ce qu'on fait quand notre récit s'arrête à la première génération ? À quel imaginaire pouvons-nous nous référer quand on est né après le déluge ?

Voici une histoire qui illustre parfaitement mes propos.

J'ai eu affaire à une petite fille qui se regardait toujours dans le miroir. Elle regardait son nombril et sa mère trouvait cela extrêmement bizarre et disait : « Pourquoi tu es toujours en train de regarder ton nombril ? » Et vous savez, quand on regarde son nombril, ce que l'on dit ? « Elle est nombriliste cette fille ! »

La traiter de nombriliste et ne pas chercher à savoir ce qui se passait dans sa tête allait introduire un signifiant majeur dans son histoire, et personne ne peut imaginer ce qu'un tel signifiant aurait pu produire comme effet de discours dans la vie de cette fille. Sa mère l'a amenée me voir et grande fut ma surprise d'apprendre que cette fille regardait son nombril : « Parce que j'ai un nombril, je sais que j'avais une mère comme tout le monde. »

Et là vous voyez, tout simplement, quand vous ne possédez pas d'éléments sur votre histoire, qu'est-ce qui vient à la place du récit ? La trace qui marque le corps. Elle m'a dit : « J'ai un nombril, donc je suis comme tout le monde. J'ai une mère qui m'avait portée dans son ventre. » Beaucoup d'enfants adoptifs posent à leur mère adoptive cette même question : « Maman est-ce que tu m'as porté dans ton ventre ? » Elle, au moins, elle sait quelque chose, c'est que le fait d'avoir un nombril signifie qu'on est fait comme tout le monde. Elle a été portée dans le ventre d'une femme, sa génitrice.

Cette fille m'a ouvert les yeux à quelque chose d'autre, une question s'est imposée à moi tout de suite : à partir de quelle génération le nombril est-il apparu ? Est-ce que Adam avait un nombril ? Est-ce que vous vous êtes posé cette question ? Est-ce que Ève avait un nombril ? Si on prend le récit biblique au pied de la lettre, ni Ève, ni Adam n'avait de nombril. Donc le nombril a commencé avec la génération du péché ! La génération qui n'a pas péché n'a pas de nombril. Vous voyez, c'est incroyable comment ces enfants nous ouvrent les yeux et nous interrogent quant à la question de l'homme. Jamais une telle question n'avait été abordée avec une telle vigueur, avec une telle pertinence.

À partir de quelle génération un homme est devenu un homme ? À partir de quelle génération l'homme s'est-il inscrit dans une lignée ? Son acte impliquait toutes ces questions : est-ce que toute lignée est forcément biologique ? Et deuxièmement : à partir de quelle génération on s'inscrit dans une lignée ? Quelle est la nature de cette lignée qui m'attache à mes parents d'adoption ?

Voilà comment une petite fille peut nous poser des questions fondamentales. Nous ne nous trompons pas en affirmant que les enfants sont philosophes mais à condition de savoir les écouter. La philosophie, c'est quelque chose qui commence avec l'enfance dès que les enfants commencent à poser des questions. La philosophie c'est ça, c'est des questions sur la vie, sur la mort, sur le bien, sur le mal et que sais-je encore, et c'est pour ça, qu'on ne sait pas répondre car ils posent des questions fondamentales.

Qu'est-ce qui nous reste à faire quand on n'a pas la réponse ? C'est stimuler la réponse chez eux. De temps en temps, ils nous mettent tellement en difficulté qu'on finit par dire : « Bon, ça suffit maintenant ! » ; notamment quand l'enfant commence avec la phase de pourquoi. Il m'arrive souvent de dire aux enfants : « Tiens avec ce que tu me dis, un jour, quand tu sauras lire et écrire, tu écriras quelque chose là-dessus. Je serais drôlement heureux de te lire pour apprendre ce que tu aurais écrit sur cette question. » Leur reconnaître un savoir stimule l'intelligence de nos enfants.

5 Il était une fois…

Le récit que nous leur racontons et que nous leur transmettons, peu importe qui nous sommes et peu importe la position dans laquelle on se retrouve, sert à construire les mythes individuels. Les mythes individuels, on se les construit. Il nous arrive à tous de lire des contes à nos enfants. L'enfant nous demande de lui lire un conte, toujours le même. Et ça commence souvent par : « Il était une fois… » L'enfant finit par connaître ce conte par cœur et il lui arrive de nous corriger quand nous changeons un mot. Mais est-ce que vous avez entendu une seule fois votre enfant, ou l'enfant auquel vous racontiez ce conte vous demander, quand vous lisiez « il était une fois », « quand » ? Jamais. Vous êtes-vous demandé pourquoi il ne pose pas la question de quand ? Eh bien parce que c'est ça, le récit et la fiction, la fiction n'est pas le temps historique. Pourquoi un tel conte et pas un autre ? Qu'est-ce qu'on suscite chez lui, à notre insu, en choisissant tel conte ou on le lisant tel que nous le faisons ? On ne le sait pas.

Les fictions individuelles se construisent à notre insu. Nos récits, c'est quelque chose qui préside à notre arrivée au monde. C'est quelque chose qui nous porte et que nous transmettons à notre tour. C'est quelque chose qu'on va porter à notre manière quand on a la chance d'avoir des parents qui respectent quelque chose qui nous serait personnel. Pour moi, le péché capital, ce n'est pas d'aimer une femme ; le péché capital, c'est de conditionner un enfant et de tuer son intelligence.

On est dans un monde où le conditionnement des enfants, que ce soit un conditionnement idéologique, religieux, culturel ou éducatif, est fréquent. Vous avez vu maintenant le nombre d'enfants auxquels on donne des fusils, et qu'on envoie tuer ou se faire tuer. La guerre des enfants, on la trouve un peu partout à travers le monde. Je vous dis ça parce que je l'ai vu dans plusieurs pays, ces enfants soldats sont prêts à tout. Les conditionner et les armer fait d'eux un instrument de guerre redoutable. Ils n'ont pas peur comme des adultes, ils n'ont aucune notion de la mort et cela les transforme en tueurs froids.

Pour conclure, j'aimerais faire le lien entre les enfants adoptés les enfants des émigrés. Pour les enfants des émigrés, il y avait un avant et ils ne savent pas comment se situer par rapport à cet avant que leurs parents perpétuent d'une manière ou d'une autre. Et ça, c'est un vrai problème. Les enfants qui sont nés dans le pays, dans le pays qui est le leur, la France par exemple, ne savent pas comment s'inscrire dans le temps de leurs parents et dans le temps présent. Faut-il être fidèle au temps de ses parents ? Faut-il s'en détacher pour s'inscrire dans le temps qui est le sien ? Comment trouver quelque chose qui fasse continuité ?

« Il était une fois » est le récit qui pourrait toucher pareillement des enfants adoptifs et des enfants issus de l'immigration.

« Il était une fois » implique un avant et un après : avant l'adoption et après l'adoption, avant que les parents quittent leur pays et après. Vous voyez, il y a quelque chose comme ça qui fait rupture. Les humains se sont toujours référés aux récits pour représenter le réel. Prenez la Bible et vous allez voir que c'est pareil. Il y avait un avant et un après, ça n'arrête pas : avant Babel et après, avant le déluge et après, et ainsi de suite.

Vous êtes-vous posé la question de savoir pourquoi il fallait absolument qu'il y ait une sorte de rupture comme ça ? Parce qu'on veut donner une explication à tout. Et pour qu'il y ait une possibilité de donner une réponse à tout, il faut qu'il y ait une rupture, il faut provoquer des ruptures qui permettent au récit de recommencer à partir d'un point zéro. Avant le déluge, ce n'est plus après le déluge, c'est un autre point. Avant Babel, ce n'est plus après Babel, c'est un autre point, et ainsi de suite. Peu importe qu'on soit intelligent ou pas, peu importe que cela soit cohérent ou pas, peu importe que ça soit logique ou pas, cela est opérant pour beaucoup.

Dieu voulut punir l'homme parce qu'il était devenu méchant alors il provoqua le déluge. Comment l'homme s'est-il mis à parler dans des langues différentes ? La réponse est dans l'histoire de Babel, dans la confusion des langues, et ainsi de suite. Vous voyez, on trouve des réponses. Mais cette réponse fait fi de tout ce qui est logique, pourvu que vous croyiez, c'est tout. La croyance n'a pas besoin de logique, n'a pas besoin d'intelligence, n'a pas besoin de cohérence.

Bibliographie conseillée

HAMAD N. (2001). *L'Enfant adoptif et ses familles*, Paris, Denoël.

HAMAD N. (2008). *Adoption et parenté, questions actuelles*, Toulouse, Erès.

Troisième partie

… À SA RÉALITÉ PSYCHIQUE

9 LES RACINES SONT D'AILLEURS MAIS LES FRUITS SONT D'ICI OU LA QUESTION DU TRANSCULTUREL DANS L'ADOPTION INTERNATIONALE[1]

Quand l'homme ne sait plus où il va, qu'il se souvienne d'où il vient.

Amadou HAMPATÉ BÂ

1 Introduction

Dans le cadre actuel d'une volonté des pouvoirs publics de refondre par un ensemble de réformes à venir les règles en matières d'adoption, un projet de « réseaux régionaux et départementaux autour de la santé des enfants adoptés à l'étranger par l'implantation de Consultations d'Orientation et de Conseil à l'Adoption (COCA) », contenu dans la proposition 28 du rapport Colombani du 19 mars 2008, est porté par l'Agence française d'adoption (AFA). Afin de connaître les besoins de cette population, une étude statistique des consultations, dont le motif était la situation adoptive, a été réalisée sous la guidance de l'AFA Une dizaine d'équipes ont participé à ce recueil de données entre le

1. Par Festus Body Lawson.

15 juillet 2007 et le 15 juillet 2008. Il n'y avait que 2 pédopsychiatres engagés dans ce travail de recueil. Cela est d'autant plus surprenant que des situations difficiles en rapport avec l'adoption sont traitées constamment par les équipes d'intersecteurs de psychiatrie infanto-juvénile. Un engagement formel dans le travail préventif doit être soutenu, à notre avis dans chaque région, par au moins une équipe médicale pédopsychiatrique référente, dans la mesure où il est parfois nécessaire d'utiliser le dispositif hospitalier de soin pour enfants et adolescents. Ces équipes, à côté du travail en amont des conseils généraux, permettront de compléter l'information qui est faite aux familles par l'intermédiaire de séminaires, pour expliquer et décrire la réalité de l'adoption internationale dans le parcours de la procédure d'agrément et durant tout le temps d'attente de l'apparentement, jusqu'à l'arrivée de l'enfant. Pour ce qui concerne le travail avec les parents, un groupe de parole de parents adoptifs peut compléter le dispositif thérapeutique. Depuis novembre 2007, à l'Hôpital d'enfants de Nancy-Brabois, fonctionne un groupe animé par deux pédopsychiatres et deux psychologues cliniciennes.

L'enfant est souvent celui qui est désigné comme nécessitant les soins psychologiques et, hormis une thérapie à visée systémique à laquelle parfois les parents sont réticents, ces derniers ne souhaitent pas une thérapie en leur nom propre. L'idée sous-jacente est que dans la rencontre qui se fait autour des cliniciens, les parcours respectifs avant l'adoption doivent être pris en compte pour en étudier les conséquences. Nous sommes alors amenés à évoquer avec les parents des souffrances liées à la situation adoptive ; des thèmes autour de la culpabilité, du regard des autres, du jugement, du handicap dans la scolarité, du lien et de l'ancrage dans la filiation, de l'attachement et de l'autonomie, des difficultés d'adolescent et de la construction de leurs identités sont régulièrement abordés. Nous souhaitons aider et permettre aux parents de s'appuyer sur le groupe afin d'aborder le récit de cette expérience de « passeurs » entre deux mondes. Ce temps d'échanges authentiques semble répondre aux besoins des parents ayant nécessité d'être compris et d'être aidés à se délivrer de sentiments parfois d'impuissance.

L'aide psychologique apportée par la consultation parents et enfants/adolescents permet l'élaboration de certaines difficultés, encourage les parents et les enfants dans la construction progressive et réciproque du lien de filiation et d'affiliation. Ce moment, plus que le temps du groupe de parole, semble être plus intime et plus propice, pour les parents, à évoquer leur histoire et à aborder la singularité de leur expérience adoptive.

L'adoption est un événement temporel de deux histoires. D'abord celle d'un couple qui a parfois souffert de l'échec de sa capacité à avoir un enfant de soi, et de l'échec des procréations médicalement assistées ; ce couple va ensuite croiser le chemin d'un enfant adoptif dont la blessure primitive est de n'avoir pas pu garder son père mais surtout sa mère de naissance. Lorsque, devenu adolescent, il peut venir à présenter des manifestations de type troubles du comportement internalisés (dépressions) ou externalisés (agressivités), l'entourage familial souvent interprète ces manifestations comme une chose négative. Certains parents adoptifs, et aussi soutenus dans cette analyse par quelques professionnels de la santé, sont convaincus que les troubles psychologiques sont d'une étrangeté en rapport avec l'origine étrangère et donc convaincus que c'est l'altérité de l'adolescent qui est source du problème.

Et d'énoncer l'idée que l'ethnopsychanalyse (Devereux, 1972) pourrait être un apport complémentaire dans la compréhension des difficultés des adolescents adoptés. Comme l'affirment aussi Dekens et Romana (2006) : « On ne peut faire table rase du vécu antérieur d'un enfant adopté. Ni de sa culture, dont il a été imprégné, aussi peu de temps soit-il. Lorsque surviennent des troubles psychologiques chez cet enfant, il s'agit donc de prendre ces dimensions en considération » (Dekens, Romana, 2006, p. 60). Autrement dit avec Lamotte *et al.*, « L'enfant est toujours porteur d'une histoire. *In utero*, il est déjà en interaction, sur un mode relationnel qui dépend étroitement du pays dans lequel il est né, avec ses particularités culturelles » (Lamotte *et al.*, 2007, p. 382).

2 Arguments théoriques

2.1 *L'estime et l'affirmation de soi, une étape nécessaire à sa construction*

L'adolescence est un stade de développement à part entière, défini par des critères plus ou moins vastes. Il demeure ce temps de passage où « l'enfant devient adulte ». L'adolescent, « celui qui grandit et qui croît » (*adolescere*), vit une transitionnalité qui serait, selon Kaës (1979, p. 60), « l'aménagement d'une rupture dans la continuité », où le problème de l'identité s'expose de la façon la plus criante (Lafortune et Bedwani, 1994, p. 7). Pour tout enfant, quel que soit son état de filiation, il est plus facile de déterminer le moment où l'adolescence commence à se manifester que celui où elle prend fin. La première transition est reliée à des changements corporels précis. La seconde transition se caractérise avant tout par des changements affectifs et sociaux. C'est pourquoi certains comme Conger et Peterson affirment que « le début de l'adolescence est biologique et la fin culturelle » (Papalia, Olds, 1989, p. 324).

Les bases de l'estime de soi, que l'on peut assimiler au produit du développement des assises narcissiques, sont d'apparition progressive depuis les premières années de la vie, à partir d'expériences vécues positives ou négatives (Bolognini, Plancherel, Halfon, 2002 ; Dekens, Romana, 2006). Les facteurs investigués au sein des divers instruments d'évaluation de l'estime de soi sont : le sexe, la race, le succès scolaire, la réussite dans le travail, les événements de vie, la famille, ainsi que la consommation de tabac, d'alcool et de drogues. Les déficits d'affirmation de soi peuvent se retrouver dans de nombreuses pathologies psychiatriques (troubles anxieux, certaines dépressions chroniques, des pathologies liées au stress). Ce concept même d'affirmation de soi est parfois remis en cause. En effet, il appartient au courant comportementaliste. Boisvert et Beaudy en 1979 en donnent la définition suivante : « S'affirmer, c'est être capable d'exprimer ses pensées, ses sentiments, ses opinions, de faire respecter ses droits, tout en tenant compte de ceux des autres » (Lègeron et Pascal, 1997, p. 405).

2.2 *Cette différence que l'on ne peut oublier*

Avec notre expérience clinique en matière de soins apportés aux adolescents en général, mais plus particulièrement aux adolescents de parents migrants et aux adolescents adoptés, nous pouvons affirmer que les troubles du comportement sont universels chez les adolescents et que chaque culture les inscrit dans une logique qui forge leur identité. Nous proposons de soutenir les deux affirmations suivantes comme équivalentes dans un premier temps, telle une assertion, mais uniquement pour initier l'analyse et la discussion :

- les adolescents de parents migrants sont habités par deux appartenances qui parfois s'enrichissent et s'opposent ;
- les mêmes ingrédients semblent présents chez les adolescents issus de l'adoption internationale. Leur histoire et leur double appartenance doivent faire relativiser les regards spécialisés portés sur leurs troubles.

D'aucuns nous reprocheront que la notion de double appartenance de l'adolescent de parents migrants est de l'ordre de la « double culture » alors que la double appartenance de l'enfant adopté est à comprendre dans le sens uniquement de la « double généalogie ». Il s'agit pour nous de penser et de réfléchir au constat souvent cité dans certaines études que ces adolescents ont tendance à présenter les mêmes types de souffrances. La double appartenance, c'est aussi le fait d'être un enfant d'ici et de parents d'ailleurs ou un enfant d'ailleurs de parents d'ici.

D'après différentes études (Hjern, 1997), il semblerait que les jeunes d'apparence non européenne soient plus vulnérables et moins armés psychiquement pour supporter l'invalidation de leur statut que leur renvoient certains membres de la même société. Ils souffriraient sans doute d'un défaut de pare-excitation interne leur permettant de métaboliser et de digérer rapidement et efficacement toute forme de discrimination, sous peine de recevoir sans autre forme de procès le diagnostic d'opposant et provocateur à tendance asociale. Vallat (2004), dans un travail sur les fondations de la cité romaine, nous rappelle que « la famille est le nœud d'échanges de femmes et de circulation d'adoptés (familles aristocratiques ou qualifiées de "bourgeoisies ou notabilités municipales") » (Vallat, 2004, p. 37). L'intégration dans la cité romaine serait un modèle pour aujourd'hui : « l'adoption est pensée comme une greffe qui prend ou ne prend pas dans une famille. Ainsi, le regard de la cité est-il posé sur cet autre, cet étranger à la famille qu'est l'adopté » (*ibid.*, p. 38). L'intégration de l'étranger serait alors pensée comme une greffe qui prend ou ne prend pas au niveau de la société. L'intégration de l'adopté et l'intégration de l'étranger procèdent-elles du même processus ?

Sur le plan systémique, la famille adoptive ne peut se référer qu'à sa propre culture alors que l'enfant adopté peut se référer théoriquement à celle de son pays d'accueil et à celle de ses origines alors même que la plupart du temps il a oublié ce que l'on nommait, sa langue « maternelle ». Les références à la culture du pays d'origine et celles du pays d'accueil peuvent être rendues conciliables dans la clinique et dans la compréhension de l'histoire de la maladie, uniquement si famille, adolescent et thérapeute, sont sensibles à cette notion. L'objectif de soin étant la co-construction de l'objet « maladie » entre le professionnel et la famille (Bouznah et Lewertowski, 2007) mais en tenant compte de l'apport de cette dernière dans l'ici et maintenant.

Daubigny en 2001 évoque Kirk, auteur américain, père adoptif qui a mené d'importants travaux sur l'adoption durant plusieurs décennies en se basant sur sa propre expérience, sur la littérature scientifique et sur des enquêtes psychosociales. Il parle dans son premier ouvrage (*Shared Fate, A Theory and Method of Adoptive Relationships* en 1963) d'un « destin partagé » entre parents adoptifs et enfants adoptés et du constat (très controversé en France à l'époque selon Daubigny) qu'être parent adoptif comporte des particularités (Daubigny, 2001, p. 74). Daubigny insiste, dans les travaux de Kirk, sur « les risques issus de l'anonymat des origines » et donc sur la nécessité de « reconnaissance de la filiation d'origine qui serait une chance nouvelle d'intégration pour l'enfant » (*ibid.*, p. 80). « L'originalité des travaux de Kirk nous apparaît dans cette prise en compte de l'interaction entre les niveaux individuel, familial, social et culturel… Ces travaux montrent comment l'anonymat des parents d'origine touche le sujet à l'endroit précis de l'intégration des structures de parenté dans lesquelles il vit, intégration qui conditionne celle des interdits et des valeurs fondatrices de l'identité : cet endroit que Devereux aurait précisément appelé le "segment ethnique de l'identité".

Toute personne a besoin de reconnaître et que lui soit reconnue sa filiation d'origine, qui peut servir fondamentalement de base de développement de son identité. C'est bien pourquoi le premier problème que rencontre consciemment un enfant ou un adulte adopté (*a fortiori* un adolescent) n'est pas nécessairement la souffrance de l'abandon dont il a été l'objet, ni une difficulté relationnelle avec ses parents adoptifs, mais cet anonymat de ses parents d'origine qui l'affecte, la difficulté à répondre aux questions que le corps social lui pose, et la difficulté à se situer par rapport aux réponses toutes faites qu'il lui propose : « oublie cette différence » (Daubigny, 2001). Ce qui mettrait l'adolescent adopté dans une double contrainte.

2.3 *« Souvent trop jeune pour savoir que l'on a besoin d'une race »*

Les couples de parents blancs qui adoptent des enfants noirs (parfois péjorativement dénommés de couleur) ou des enfants asiatiques et qui n'ont pas dans leur environnement familial des personnes de la même origine que leur enfant doivent tout de même savoir et comprendre que la différence de couleur va avoir son importance tôt ou tard. Parmi ces adolescents, certains utilisent la métaphore « noix de coco, Bounty ou encore banane » pour exprimer cette conflictualité. Ils se vivent d'ici (blanc à l'intérieur) mais sont qualifiés d'ailleurs (noir ou jaune) par le milieu dans lequel ils vivent.

La situation expérimentale de l'adoption internationale ne remet pas totalement en cause la notion d'identité ethnoculturelle, elle prouve que la culture d'origine et l'ethnie d'origine ne sont pas le fondement unique de la construction identitaire. La culture n'est pas la nature, elle ne se transmet pas par une hérédité génétique, et c'est une erreur que cette mère ait pu entendre, de la part d'une psychologue, que son fils de 10 ans, qui présente des troubles de l'attention, « a un mode de pensée et de raisonnement qui est celui de son pays d'origine, il n'a pas intégré les règles occidentales ». Nous rappelons que c'est un garçon adopté alors qu'il était âgé de 15 mois avec sa sœur aînée de 3 ans qui a dû s'occuper de son frère lorsque sa mère les a abandonnés au père qui, ne se sentant pas apte à prendre soin de ses enfants, les confiera très vite à l'orphelinat en vue d'une adoption. Ils passeront 6 mois dans ce centre d'accueil.

Exemple

Cet homme qui, après des années passées à vivre, à étudier et à professer parmi les « Blancs », s'entend dire par sa mère biologique d'origine africaine : « Tu ne me comprends plus, tu penses et tu parles comme les Blancs. » Ce jeune homme se retrouve soudain à comprendre qu'il est devenu étranger à sa propre mère. Même s'il lui paraissait pourtant avoir gardé des valeurs transmises par ses parents, il a eu soudainement la conviction d'avoir changé aux yeux des autres avec le temps. Il comprend que ses pensées ne sont pas culturellement préétablies. Si certaines de ses valeurs et sa représentation du monde avaient changé, son « identité culturelle » aurait-elle alors changé ?

Selon Hamad (2005), un enfant noir élevé tout petit par un couple de Blancs a une image inconsciente du corps blanche. La découverte de sa couleur se fait avec les autres. C'est dans le regard de ses semblables et dans leurs discours qu'il va découvrir que son image corporelle ne correspond pas à ce qu'il voit autour de lui, et qu'il va constater qu'il est différent.

Ce que nous allons décrire immédiatement ci-après peut paraître hors sujet, mais cela nous permet d'illustrer un peu cette prise de conscience soudaine de la révélation à nous-mêmes de notre « image du corps » à partir de nos expériences, mais aussi du vécu des autres de cette différence. C'est plus précisément la question des répercussions psychiques sur les plus jeunes, des décisions de certaines femmes et hommes d'éclaircir la teinte naturellement pigmentée de leur peau. On ne connaît pas l'impact que cela peut avoir dans l'esprit des préadolescents lorsque leurs héros en viennent à promouvoir la dépigmentation volontaire comme source de bonheur ou de réussite sociale. Mais on sait aussi que l'on peut, à l'extrême, demander chirurgicalement l'effacement des signes physiques de son identité ethnique. Petit, médecin dermatologue à l'hôpital Saint-Louis de Paris, nous apprend que c'est une question planétaire ; en effet, « des personnes venant de toute l'Afrique subsaharienne, mais aussi des régions aussi diverses que la Jamaïque, Haïti, le Pakistan, le Vietnam ou les Philippines les utilisent régulièrement » (Petit, 2007, p. 95-96).

Pour revenir à l'enfant adopté qui a une image inconsciente du corps, blanche, nous connaissons tous la valeur d'identité ethnique prêtée à la couleur de peau. Nous avons déjà tous entendu une histoire d'enfant adopté qui pense devenir blanc avec l'âge et ressembler à ses parents. Les rares études n'apportent aucune réponse quant à la proportion d'adoptés parmi les personnes se faisant subir le blanchiment cutané. Une honte entoure ce procédé et la réticence est fréquente chez les sujets interrogés à reconnaître qu'ils le pratiquent. Alors un enfant noir qui vit dans une communauté à prédominance blanche aura-t-il beaucoup de difficultés à s'identifier à la « culture blanche » ? Nous laisserons bien évidemment entre guillemets cette notion de « culture blanche » car, comme le rappelle Mouchenik, « Les cultures sont le fruit d'une histoire et de rapports de force, elles sont en constantes transformations et métissages » (Mouchenik, 2004, p. 61).

La culture, elle, n'a pas de couleur puisqu'elle est sans cesse faite de mélange et de métissage, elle change donc perpétuellement au gré des apports de chacun. Mais le terme de culture peut souvent être confusément utilisé à la place d'ethnie pour aussi qualifier l'appartenance d'un individu à une ethnie qui devient assimilable à une race, et donc définit une identité. Il devient alors très difficile de comprendre ce qui se joue chez les adolescents qui expriment un mal-être.

2.4 *Du sentiment de filiation et de la construction identitaire : l'affiliation*

Les ingrédients de la construction identitaire comme du sentiment de filiation se fondent sur des éléments des identifications et chaque individu, du fait de la particularité de sa naissance, sera sous l'influence de la communauté culturelle dans laquelle il vit. Nathan (1991) parle d'affiliation symbolique au-delà de la filiation biologique et imaginaire qui, par un processus toujours complexe, produit un être humain porteur de valeurs et de représentations. Dans un contexte donné comme l'adoption internationale, Goubier-Boula pense que même si « la filiation biologique est largement dépassée par l'ancrage culturel, elle reste première et ne s'éteint jamais. Il y a toujours un non-soi qui est déterminé par sa naissance et la quête permanente de repère dans la famille et la société » (*op. cit.*, 2005, p. 264). Pour Héritier Augé (1989), « tout ce qui touche à la filiation et à la parenté n'a d'usage que social » et, pour Lévi-Strauss, « un système de parenté ne consiste pas dans les liens objectifs de filiation ou de consanguinité donnés entre les individus ; il est un système arbitraire de représentation, il n'existe que dans la conscience des hommes, non le développement spontané d'une structure de fait » (*op. cit.*, 1963, p. 480). Selon les sociétés, il y aura une prééminence du biologique sur l'affectif, certaines donnent la primauté à la culture, d'autres à la nature. La majeure partie des sociétés consacrent la primauté du social sur le biologique mais certaines ne conçoivent pas l'adoption pleine et entière.

C'est typiquement l'idée que l'on se fait des pays musulmans, dont les concepts juridiques et religieux confèrent à la filiation un caractère strictement biologique, reposant sur les liens de sang, et l'on dit et écrit souvent que l'adoption est remplacée par le *kafala*. Nous nous référons ici à Mérini (2001) qui nous rapporte que dans la culture marocaine, l'identité individuelle est étroitement liée à la généalogie, à l'appartenance au groupe. C'est le biologique qui justifie l'authenticité de la filiation. D'où la question « Qui es-tu ? », se référant à l'origine de quelqu'un. Mérini (2001) nous apprend aussi que pour éviter les difficultés, certaines familles n'hésitent pas à contourner la loi et donnent leur nom à l'enfant comme s'il était légitime ; en Algérie, la « concordance de nom » est autorisée depuis 1992 (tout en précisant « sans filiation » sur les pièces d'identité) et en Tunisie comme au Liban, qui restent des pays musulmans, l'adoption plénière est autorisée.

Nous défendions l'idée dans un précédent article que la construction identitaire était dynamique tout au long de la vie. Le sens de l'identité se construit avec le temps et à travers les différentes étapes du développement psychoaffectif et relationnel, de la naissance à l'âge adulte (Body Lawson, 2008). Si nous substituons dans cette dernière phrase le « sens de l'identité » par le « sentiment de filiation », la phrase garde tout son sens et montre qu'une « crise » à l'adolescence peut être interprétée comme une crise au décours de la construction d'identité et/ou une crise dans le parcours du sentiment de filiation. Mais ces deux notions étroitement liées et interdépendantes font souvent évoquer à l'adolescence d'un enfant adopté « une crise d'identité ethno-culturelle ».

Si la question de la filiation touche tous les adolescents, elle est vécue avec plus d'acuité chez l'adolescent issu d'une adoption internationale. Il est souvent retenu des travaux de Guyotat (1980) l'existence de 3 axes dans la filiation et, pour Bourdier, cité par Noël, dans toutes les cultures, seuls deux des trois axes de la filiation sont suffisants, mais l'axe juridique est toujours nécessaire à la reconnaissance d'une famille et de liens de parentalité. Il faut distinguer une filiation biologique ou génétique qui correspond à l'ordre du réel (conception, grossesse et naissance) dont l'apparence physique peut parfois trahir ; une filiation légale (instituée ou symbolique) qui permet la transmission du nom, du patronyme et du patrimoine matériel, culturel… et enfin une filiation adoptive que l'on peut assimiler à une filiation affective ou psychique (narcissique ou imaginaire : mobilisant les affects, les émotions, les projections et les espoirs).

Chacun le reconnaît et Golse le souligne ainsi : « l'axe psychique et l'axe symbolique suffisent largement aux processus d'affiliation, de filiation et de subjectivation même si, le plus souvent, la filiation psychique résulte d'un étroit nouage des trois axes » (Golse, 2009, p. 31). L'adolescent adopté va devoir intégrer en plus dans son identité une double généalogie, c'est-à-dire, pour Goubier-Boula, « l'enfant adopté tout en gardant la continuité de ses origines et de son histoire pour vivre, va se développer dans une nouvelle famille, va traverser un processus de construction d'identité dans la conjonction de ses deux identités familiales et culturelles aussi disparates soient-elles. L'enfant traverse donc un processus de double appartenance (ou d'affiliation symbolique) tout en évoluant à travers une filiation unique ». Elle ajoute enfin que « ce phénomène de dualité lié à sa double appartenance est important à considérer pour le tissage des liens ou de l'adoption réciproque » (Goubier-Boula, 2005, p. 267). Les modalités d'établissement des liens dans une filiation adoptive et affective se font dans un mouvement réciproque d'adoption. À savoir que le processus de parentalité s'inscrit dans l'adoption même de l'enfant biologique.

Pour Idriss, « la notion d'identité n'est pas un concept clinique… et sa construction à l'adolescence relève d'un processus complexe faisant appel à des élaborations individuelle et collective, culturelle et sociale, institutionnelle, etc. Elle ne peut être réduite à l'individuel, au psychologique ou au culturel » (Idriss, 2005, p. 46). L'étude de l'adolescent de parents migrants nous montre qu'il doit souvent composer avec « l'être en soi », qu'il est ici et la part de l'étranger en lui qu'il transpose quotidiennement comme une répétition du voyage migratoire entre son domicile familial et le dehors (société d'accueil). Comme c'est le quotidien de ces adolescents qui se situent dans l'entre-deux et, voyant que leurs parents ne disposent pas de leur juste place dans cette société, ne s'autorisent pas pour certains d'entre eux à investir en retour la société d'ici.

Pour ce qui est des adolescents adoptés, la quête d'appartenance ne s'inscrit pas dans la même problématique. Nous remarquons souvent en confrontation clinique l'émergence d'un questionnement que nous pouvons résumer par : « le père sûr, la mère peut-être », qui rentre en écho avec un doute par rapport à l'attachement à la mère adoptive, mais paradoxalement la filiation par rapport au père adoptif *es certissima*. C'est là une discussion que nous souhaitons aborder dans un prochain travail. D'ailleurs Sellenet, dans une recherche sur les enfants adoptés en difficultés menée en 2005, commandée par le CREC, relève que « les questions identitaires posées par certains enfants qui se sentent « différents » étaient peu référencées aux théories de l'identité ou à la clinique transculturelle ». Mais selon Moro (2002), les affiliations sont d'autant plus cruciales que l'adolescent a du mal à trouver sa place dans sa filiation. Il est fréquent que les adolescents adoptés à l'étranger se lient d'amitié avec des adolescents issus de l'immigration ou avec d'autres adolescents adoptés. Ensemble, ils partagent une identité de couleur et certaines expériences sociales que leurs parents adoptifs n'ont pas traversées lors de leur adolescence. Aujourd'hui des parents eux-mêmes tentent de consolider la « spécificité » d'origine de leur enfant en se liant avec d'autres parents adoptifs qui ont un enfant de la même origine que la leur.

3 Une identité segmentée et multiple

Kestemberg (1962) met en évidence un mouvement de rupture : « ainsi l'adolescence est d'abord marquée par le rejet des identifications antérieures, conséquences du rejet des objets parentaux. Dans le même sens que ce rejet des objets parentaux correspond un rejet de soi en tant qu'être sexué : l'adolescent se veut étranger aux autres et se retrouve étranger à lui-même ; son identité est menacée. Ce rejet des objets parentaux, de soi en tant qu'être sexué [...] suscite une angoisse plus profonde que celle induite par le conflit œdipien, angoisse concernant la cohésion de sa personne et donc son identité » (Marcelli et Braconnier, 1994, p. 25).

L'élan vers la maturité affective et sociale est axé sur l'acquisition d'une identité de définitions multiples : une *identité sexuelle* et une *identité idéologique* (Kestemberg, 1980), une *identité professionnelle* (Bourguignon, 1988 in Moro et Révah-Lévy, 1994), une *identité sociale* (Bourdieu, 1982 in *ibid.*, 1994), et il faut composer avec une *identité culturelle* (Nathan, 1988). Sellenet (2006) nous apprend que de nombreuses études scientifiques sur les enfants adoptés montrent qu'il nous faut différencier, en plus des diverses facettes connues de l'identité, l'*identité ethnique* de l'*identité de couleur*. Les enfants adoptés ont deux pôles d'identification possibles : celui de l'identité ethnique du pays d'accueil et celui de leur pays d'origine. Pour elle, un enfant peut revendiquer une identité ethnique française, mais se sentir porteur d'une identité de couleur (être noir, par exemple) qui peut le marginaliser (Sellenet, 2006).

Nous devons en fait, pour avancer dans notre débat, trancher la question de la construction identitaire et du sentiment d'affiliation, de leurs rapports à la culture du pays d'origine et à la culture du pays d'accueil. L'identité est-elle un caractère permanent et fondamental définissable par l'ethnie et la culture au même sens que le développement psychologique est défini de façon « épigénétique contrôlée génétiquement » ? (Danchin, 1978 ; Mazet et Stoleru, 1996, p. 5). En clair peut-on émettre l'idée que la construction identitaire est « épigénétique contrôlée ethnonymement et culturellement » ? L'individu développerait son identité au cours de ses multiples interactions avec son environnement, mais avec un segment ethnique et une culture d'origine toujours influents, comme le gène le serait dans le développement psychologique. Et pour l'adolescent adopté, quelle est la part d'influence entre sa culture d'origine et sa culture d'accueil, entre son ethnie d'origine et son ethnie d'accueil ? Tout cela aura une influence dans notre lecture clinique des difficultés rencontrées au cours du développement du jeune enfant et de l'adolescent en devenir. Sera-t-il productif de convoquer l'ethnopsychiatrie en colloque singulier ou dans un dispositif de soin à géométrie variable de type transculturel, comme méthode thérapeutique dans la situation d'un adolescent adopté en conflit avec sa famille ou son environnement social ?

Dans sa thèse de médecine, Maillet (2008) pense que les différences raciales pourraient, de plus, soumettre l'adolescent adopté à un excès de stress dans sa tentative d'établir une *identité ethnoculturelle*. Tout ce qui est mis sous l'étiquette « identité ethnoculturelle » cache souvent ce que l'on n'ose pas dire ni écrire directement et que Obama résume dans les termes : *du besoin d'avoir une race*. Cette recherche d'identité dite ethnoculturelle serait peut-être ce à quoi est confronté tout adolescent face aux questions « Qui suis-je ? », et « À qui vais-je ressembler », portant tantôt sur l'identité, tantôt sur les identifications, mais traduisant l'emprise du passé sur l'adolescent et faisant ressurgir avec force la question du lien aux autres. La réponse à la première question peut être différente du « Qui es-tu ? » posée par autrui. Souvent la personne qui nous la pose présuppose une partie de la réponse. La question est ambiguë et a un double sens, c'est aussi « D'où viens-tu ? ». Cette question de « Qui sommes-nous ? », avec le *qui* et non le *quoi* appelle selon Ricœur « une réponse équivoque, une réponse scindée, dont les deux extrêmes seraient illustrés par le *caractère* qui marque la *permanence de l'idem* et par la *promesse* qui marque et illustre le maintien de l'*ipse* » (*op. cit.*, 1996, p. 204). Nous pouvons penser aussi que la crise identitaire dans sa dimension ethnoculturelle que traversent les adolescents qui se situent entre « deux mondes » (l'adolescent adopté comme l'adolescent de parents migrants) est la même que vit tout adolescent par la dynamique et l'effet du temps, de son environnement, de sa nouvelle terre ; celle d'un être de promesses qui semble à première vue en contradiction avec la substance et la structure qui le caractérisaient à sa naissance.

Pour nous, l'adolescent peut vivre de façon conflictuelle et contradictoire la recherche d'une identité ethnoculturelle, poussé par un besoin impérieux et vital de revisiter son passé, de le reconstruire pour se construire et combler les trous de son histoire comme autant de trous dans son identité. Cette part d'identité errante à récupérer et que l'on peut qualifier d'empreinte ethnoculturelle ou segment ethnoculturel d'origine de l'identité peut s'assimiler à notre sens à cette identité-mêmeté. Mais l'adolescent est confronté à un autre individu, celui qu'il est devenu par l'épreuve du temps. Il vivrait alors une sorte de confrontation entre son identité-mêmeté et son identité-ipséité. Cette identité se construit et se soutient de l'empreinte, mais ne se résume pas à elle. Il n'est pas juste d'écrire que l'adopté « reconstruit une nouvelle identité » puisqu'elle n'est pas détruite. L'identité est peut-être perdue selon certains, mais elle doit être retrouvée, repensée, réhabilitée. Le développement identitaire est une épreuve dynamique et c'est au terme d'un paradoxe dans son rapport que pour Ricœur une résolution narrative est possible par une médiation.

4 De l'intégration à la famille comme de l'intégration dans la cité

Même si parfois dans certaines situations de « crise » l'adolescent rejette ses parents biologiques et revendique d'autres appartenances, nous savons que c'est souvent une recherche de soi que traduit ce moment sensible d'opposition. L'adolescence est un moment difficile dans la vie des parents, qu'ils soient naturels ou adoptants et de leurs enfants, qu'ils soient adoptés ou biologiques. Si, pour certains adolescents, l'identité et l'identification devront passer par le double rejet de la famille d'origine et de la famille adoptive (enfants adoptés), pour d'autres, le rejet portera sur la culture de la famille d'origine et la culture du pays d'accueil (enfants de parents migrants). L'adolescent adopté et sa famille n'ont pas à l'origine une histoire commune. Les parents adoptifs disent souvent qu'ils ne savent presque rien du passé de leur enfant, mais sont souvent marqués par les différents traumatismes qu'il a subis. Parfois, par conflit de loyauté envers des parents vécus comme sauveurs, l'adolescent s'enferme de façon dépressive avec une certaine forme d'inhibition dans la quête qui lui est pourtant nécessaire de ses origines et du sens de son histoire.

Si l'identité est multiple dans sa déclinaison et que la culture est bigarrée, comment l'enfant différent peut-il faire pour se construire, s'intégrer à la famille comme dans la société et dépasser ce sentiment d'insécurité combiné à celui de beaucoup d'adolescents, d'appartenir au groupe des perdants ? Nous pensons que la réponse est dans un premier temps, comme le rappelle Mouchenik (2004), du côté de l'acculturation et dans la définition qu'en donne le « Mémorandum pour l'étude de l'acculturation » (issu du groupe de recherche dirigé par Redfield) : « l'acculturation est l'ensemble des phénomènes qui résultent d'un contact direct entre des groupes d'individus de cultures différentes et qui entraînent des changements dans des modèles (*patterns*) culturels initiaux de l'un ou des deux groupes » (Mouchenik, 2004, p. 60).

Dans notre pensée, quel que soit l'âge d'adoption de l'enfant, un processus d'assimilation, d'adoption réciproque, s'opère chez les parents comme chez l'enfant, qui passe par un échange, un mélange de valeurs, de modèles, dont la résultante est une « néo-culture » appartenant à cette famille propre et sur laquelle l'enfant, l'adolescent, surtout lui, va pouvoir s'appuyer, dont il va se servir au cours de sa construction. Pour nous il est aussi clair que le mouvement réciproque d'adoption qui s'effectue du côté de l'adopté et des adoptants doit être du même ordre que celui de tout adolescent d'ailleurs et d'ici avec la société. Malgré les arguments, il faut faire comprendre à certains jeunes les conséquences de leurs comportements. Mais si la République ou bien la société ne pointent que la minorité récalcitrante et ne reconnaissent pas ou ne donnent pas l'exemple en élevant au rang de modèles ceux parmi les autres qui participent activement et positivement à la vie de la cité, elles renvoient à l'ensemble du groupe l'image d'un parent qui voulait l'adoption sans trop au fond désirer l'enfant.

5 Le moment de sa venue au monde n'est pas le point « d'origine » de sa naissance

L'histoire de nos origines nous précède. La naissance d'un enfant migrant en terre d'exil, comme le jour de l'arrivée ici d'un enfant adopté, ne signifie pas *tabula rasa* initiale dans leurs histoires, elles prennent leurs sources au-delà des mers (mères ?). Nous retiendrons avec Barrere et Botbol (2002) que les « adolescents doivent reconstruire une représentation de leurs parents biologiques pour construire leur identité » (*op. cit.*, 2002). Bien sûr que cette représentation sera faite d'éléments physiologiques, ethniques et sociaux de nature socioculturelle. Et nous pouvons être d'accord, aussi avec Maillet (2008), pour nous demander si la réussite de la construction identitaire à l'adolescence ne passe pas justement par l'acceptation de ne pas tout savoir sur ses origines.

Mais il y a un minimum d'informations à avoir et à savoir qui donne sens à son histoire et protège d'une fixation paralysante sur sa culture d'origine et son ethnie de naissance. Même si Mérini (2001) pense que les deux piliers fondamentaux d'une construction identitaire sont une histoire et des origines, Delaisi de Parceval (2004) propose que l'on parle de « droit à l'histoire plutôt que de droit aux origines » pour mettre l'accent sur le contrat narcissique qui débute dès la conception de l'enfant. Comment un individu peut-il s'enraciner au sein d'une famille dont il n'est pas biologiquement né du couple fondateur ? À ceux pour qui la vie humaine n'a rien à voir avec le tissage, à savoir : qu'on ne peut découdre des liens pour les retisser autrement, nous répondons que c'est une question de botanique : les racines sont d'ailleurs mais les fruits sont d'ici, et le thérapeute devra garder cette métaphore en tête pour éviter des projections infructueuses. Cette différence ne doit pas être oubliée ni dévalorisée à l'adolescence. « Une revendication de sa différence peut être parfois une façon d'asseoir son identité. Le risque est que chez l'adolescent en souffrance, ce mouvement participe au rejet de la famille. Le risque est double car l'adolescent pourra se sentir finalement également étranger parmi les migrants » (Moro, 2002, p. 192).

Nous trouvons d'un grand apport l'idée que les expériences initiales, évoquées dans le récit de l'adoption par les parents, agiraient comme un « corps étranger » dans le psychisme parental puis, secondairement, dans celui de l'enfant et de l'adolescent (Harf *et al.*, 2008). Ce récit peut contenir des « marques traumatiques » (c'est-à-dire des éléments de la structure du récit orientant vers l'hypothèse d'un trauma sous-jacent) chez des parents déjà vulnérables psychiquement dans cette démarche particulière de filiation. Harf, Taïeb et Moro (2008) émettent l'hypothèse d'un trauma parental qui aurait une valeur traumatique à deux niveaux chez les futurs parents adoptifs. D'abord l'expérience de candidats à l'adoption (tracasseries administratives, vécu négatif de la procédure d'agrément, sentiment de culpabilité et d'incompétence…) et puis l'expérience autour du voyage vers la rencontre avec l'enfant auquel l'apparentement a été fait (formalités administratives, juridiques, financières…), la rencontre physique elle-même (l'orphelinat, la misère du lieu, la confrontation avec les autres enfants non adoptés et miséreux), la confrontation à l'altérité et à l'étrangeté de cet enfant qui est né ailleurs et qu'il va falloir faire sien. C'est l'existence du récit de l'adoption qui contient des réponses sur l'origine et l'histoire de l'enfant plus que son contenu, sa structure et sa vérité objective qui peuvent contribuer à sa construction identitaire (Harf *et al.*, 2008) car, pour ces auteurs, le premier paragraphe de son histoire ne peut rester en blanc. Cette idée serait soutenue par Dufour (1991), qui pense que l'adoption précoce induit un questionnement identitaire plus marqué chez le jeune, fondant sa naissance sur un vide qui le happe et l'empêche de retrouver son identité et de progresser vers le futur. Cette observation va à l'encontre de ceux qui pensaient que l'adoption tardive (après 4 ans) était associée à divers troubles de l'intégration ayant un retentissement négatif à l'adolescence. Avec Vinay (2003), nous avons appris que c'est la durée de latence (temps entre l'abandon et l'adoption), quand elle dépasse une année et demie et se trouve associée à des carences affectives précoces ou à des maladresses éducatives, qui va ou non favoriser les difficultés dans la construction identitaire.

Cette expérience de voyage (qui se fait souvent à plusieurs reprises) dans le pays de naissance de son enfant avant sa venue définitive nous semble comparable à l'expérience migratoire de certains parents d'adolescents migrants. Il serait bon que le récit de ce voyage vers le pays d'accueil et des difficultés qui ont jonché parfois le parcours soit fait en plusieurs étapes pour aider dans un premier temps l'enfant et le préadolescent à se situer dans cette histoire ; qui, en retour, se mettra en action dans le récit des parents. Cette technique classiquement utilisée dans le dispositif de soin transculturel nécessiterait d'être adaptée dans la situation de l'adoption transculturelle. L'enfant pourra ainsi contribuer de façon dynamique à la construction de son identité, selon la thèse soutenue par Ricœur (1990), à savoir que « l'identité du personnage se comprend par transfert sur lui de l'opération de mise en intrigue d'abord appliquée à l'action racontée ; le personnage selon nous est lui-même mis en intrigue » (Ricœur, 1990, p. 170). Ricœur désigne par identité narrative cette forme d'identité à laquelle l'être humain peut accéder au moyen de la fonction narrative. « Cette narration se nourrit des origines, fiction et vérité historique à la fois, premier discours des parents sur lui-même » (Ricœur, 1990, p. 171). Il sera donc contre-productif d'énoncer seulement les difficultés en référence à un déterminisme génétique et/ou culturel dans la démarche thérapeutique ; d'autant que la théorie ethnopsychanalytique et celle du soi et de l'identité narrative trouvent pertinence dans le dispositif de soins pour aborder l'adolescent et sa famille en souffrance. Selon Waber-Thevoz et Waber (2000), pour l'enfant et ses parents s'impose la nécessité d'un « roman d'adoption » qui contienne les menus détails des premières expériences et, au sens de Ricœur, « le récit permet de construire l'identité du personnage, qu'on peut appeler son identité narrative, en construisant celle de l'histoire racontée. C'est l'identité de l'histoire qui fait l'identité du personnage » (Ricœur, 1990, p. 175). Chaque histoire étant singulière, pouvoir raconter son histoire à autrui, c'est déjà pouvoir se la raconter à soi-même.

6 Illustration clinique

Observation

Madame M. vient en consultation, accompagnée de ses deux filles adoptives. L'aînée âgée de 15 ans ne pose pas de problème ; elle a été adoptée au Burkina Faso à l'âge de 18 mois. La cadette a 12 ans, elle est venue d'Haïti depuis 6 mois ; c'est elle qui l'inquiète car elle est « méchante ». Xavière écoute boudeuse pendant que sa mère dit les difficultés : sa fille n'écoute rien et ne lui obéit pas, elle est jalouse de sa sœur qu'elle tape. Elle hurle, donne des gifles à sa mère dans la rue et la mord. Madame M. se sent observée, avec la peur qu'on la prenne pour une mère maltraitante. Depuis qu'elle reçoit aussi des coups de pied au point de faire des hématomes, elle n'en peut plus. Elle est rassurée lorsque Xavière dit tout fort dans les lieux publics : « Je ne veux pas aller voir ma psychologue », ainsi les gens peuvent penser « qu'elle est folle et qu'elle en a besoin ». Madame M. est célibataire et catholique pratiquante, elle a adopté seule sans passer par un OAA (organisme autorisé pour l'adoption). Elle a eu des difficultés pour avoir ses deux agréments et a fait à chaque fois appel auprès du juge avant de l'obtenir. « De toute façon il y a quelque chose qui ne va pas avec Xavière, elle est dans la contrariété depuis le départ d'Haïti, elle boudait au moment de l'embarquement dans l'avion. Xavière est insolente, répond comme une adolescente et lui reproche de l'avoir volée à sa mère ! » Madame M. reconnaît qu'elle ne s'attendait pas à tant de difficultés mais dit être attachée à ses filles. En plus de ce comportement, « elle trouve sa fille exhibitionniste... Elle se permet de lui toucher les fesses ; elle se pose la question de sévices sexuels à l'orphelinat ? ». Madame M. recherche des solutions ; elle est allée avec ses filles en thérapie familiale mais refuse de parler de son histoire devant elles : « Cela ne les regarde pas. » De même, il ne faut pas chercher à lui parler de thérapie pour elle. Pour la consultation de ce jour, l'hôtesse de l'accueil lui a demandé pourquoi Xavière n'était pas inscrite sur sa carte vitale ; elle a menti en disant qu'elle attendait une réponse alors qu'elle n'a pas envoyé les justificatifs à la Sécurité Sociale pour régulariser. En effet aucune démarche n'est faite car elle hésite encore entre adoption plénière et simple. Ce que nous avons oublié de préciser dès le départ, c'est que Xavière a pour prénom de naissance Joséphine. Xavière est

☞

☞

le prénom que la mère utilise mais qui reste officieux puisque la reconnaissance officielle, la filiation judiciaire, n'est pas établie. L'enfant n'est pas inscrite dans le livret de famille.

Sa fille aînée a bénéficié d'une adoption plénière sans hésitation de sa part et parce que le Burkina-Faso réalise juridiquement l'adoption. En Haïti, il n'est délivré qu'une autorisation administrative d'adoption, charge aux parents de saisir l'autorité judiciaire française pour l'entériner, ce qui n'a pas été fait depuis son arrivée. Joséphine (Xavière), vit donc en France avec un visa de tourisme, périmé ! Madame M. pense que la mère biologique, qu'elle a rencontrée, aurait voulu une adoption simple. Pourtant dans le document social et psychologique fait à Port-au-Prince, sans ambiguïté, on peut lire : « Il est heureux que Joséphine ait trouvé une mère adoptive pour l'adopter pour le meilleur et pour le pire. Sa mère biologique s'est présentée et a donné son consentement légal. L'enfant est adoptable. » En fait, Madame M. a une raison précise à son hésitation ; Joséphine a quelque chose d'étrange : « elle semble être possédée, envoûtée car à Haïti il y a du Vaudou... alors ne faut-il pas plutôt un exorciste ? », propose-t-elle comme solution à ses problèmes.

6.1 *Le moi-prénom*

Une question qui continue de faire débat dans l'adoption internationale est le changement ou la conservation du prénom d'origine de son enfant. Cette question fait écho à l'idée de l'identité ethnoculturelle qui est de plus en plus soulevée. Si oui, quel est l'âge limite ? Si non, doit-il être le premier ou le deuxième prénom ? L'adopté « tardif » (après l'âge de 3-4 ans) a-t-il une identité ethnoculturelle que n'aurait pas encore acquise l'adopté « précoce » (adopté avant l'âge de 3 ans) ?

Joséphine (Xavière), par son comportement signifie-t-elle un refus d'intégration et d'acceptation de l'adoption ? Ou bien avec ce que l'on sait de la difficulté de la mère à faire un choix entre une adoption plénière ou une adoption simple, peut-on penser que son attitude traduit un maintien de lien symbolique aux origines qui laisse Xavière (Joséphine), dans une confusion d'identité ? La maman de Joséphine

☞

☞

est méfiante envers la culture de sa fille (sorcellerie) et Joséphine doute aussi de sa mère (voleuse d'enfant). Cette collision entre les cultures renforce le vrai problème : celui d'une adoption qui tarde à être prononcée car la mère hésite entre l'adoption plénière et l'adoption simple et du même coup à reconnaître sa fille comme sienne. Peut-être convient-il alors de dire que ce n'est qu'une fois l'adoption effective, le jugement prononcé, que tout commence vraiment (Sulli, 2005).

Mais Joséphine, prénommée officieusement par sa mère Xavière sans être par elle légitimée, ne vit-t-elle pas ce que Abbal nomme un conflit entre le « moi-prénom » et le « moi subjectif » qui survient souvent à l'adolescence ? « Le moi-prénom résume l'ensemble des représentations qu'il y avait pendant la grossesse » (Abbal, 2004, p. 327). « Le prénom que nous portons représente un marquage ou encore une empreinte de notre berceau culturel – qu'il nomme miroir représentationnel flottant qui permet à l'enfant de se représenter la représentation que l'autre a de lui » (Abbal, 2004, p. 326). Joséphine s'est construite autour de ce prénom symbole de ses origines, de l'autre culture, de son histoire et du don de ses parents. « Ce berceau culturel renvoie et affilie aux différentes matrices ontologiques telles que les parents les conçoivent et les adoptent. Ces dernières le nourrissent en permanence du dedans tout en le forgeant du dehors, ainsi serait-il marqué à tout jamais – parfois sans le savoir – dans son corps, dans son psychisme et dans son être... Ce prénom est représentatif de ce que nous avons rapporté plus haut ; il nous a permis en tant qu'enfant de nous différencier et de communiquer avec les autres, car il n'est en fait que l'achèvement de l'ensemble des représentations qui ont traversé l'esprit des parents. Il peut être aussi considéré comme le premier "moi" forgé par les parents. Ce prénom porté par l'enfant symboliserait la projection du moi parental porté par l'enfant, c'est-à-dire qu'il voit en lui, non pas ce qu'il est, mais ce qu'il a été dans leurs fantasmes, dans leur imaginaire et ce qu'il devrait être dans le futur » (*Ibid.*, 2004, p. 326).

6.2 *Étranger à soi-même*

Lorsque l'enfant adopté, devenu adolescent, présente des troubles du comportement et de nouvelles manières étranges, elles traduisent des revendications d'autonomie. Le « vous n'êtes pas mes parents » des adolescents est une traduction paradoxale du désir de vérifier la solidité des liens et donc de se défaire de la dette envers les parents adoptifs sauveurs (parfois aussi figurant les parents idéaux du rêve éveillé du roman familial). Cela fait aussi écho avec la réalité biologique de l'adolescent adopté. Il se sent lui-même étranger en miroir de ce fantasme de l'étranger dans la maison qui vient à rappeler que le deuil de la transmission du patrimoine génétique n'est pas fait. Ce fantasme de l'étranger empêche les identifications car le parent ne peut plus se reconnaître dans l'adolescent perturbateur et perturbé et l'intégrer dans son histoire et sa filiation affective qui convoque le narcissisme. Le reproche du patrimoine génétique étranger risque alors de surgir d'autant plus ; sauf si les sentiments de filiation et de parentalité se sont établis de façon sécure entre les protagonistes du conflit œdipien et du roman familial et non entre procréateurs et procréés (Lamotte *et al.*, 2007 ; Maillet, 2008 ; Soulé et Noël, 1985 ; Soulé, 1995).

Il faudra alors reconnaître et travailler sur le constat que c'est essentiellement dans cet environnement socioculturel, dans lequel l'enfant puis l'adolescent a été amené à vivre, qu'il se façonnera et s'édifiera en tant que personne adulte dotée d'idéaux (politiques, affectifs, sexuels...). Tout comme l'a déjà fait remarquer Soulé (1995), l'adoption est là aussi « une clinique expérimentale ».

La culture d'origine d'un enfant adopté ne sera pas ce qui va fonder son identité d'homme ou de femme, d'autant plus si nous acceptons comme vérité que le conflit œdipien est lié au lien de parenté/filiation et non pas au patrimoine génétique (Soulé, 1995). En effet l'adopté finit par savoir qu'il porte d'autres gènes qui font de lui un être aux traits physiquement différents de ses parents, transmis par des parents géniteurs qui n'ont pu poursuivre leur œuvre, et dont il n'hérite pas génétiquement du patrimoine culturel. Pour l'adolescent adopté, plus il essayera de fuir sa différence, plus il la rendra importante et vivra cette étrange impression métaphorisée par l'effet « noix de coco, banane ou encore Bounty ».

7 Conclusion

Pour certains adolescents, l'histoire est riche d'une autre culture que celle du pays d'accueil. On peut métaphoriser cette particularité de la double appartenance qui est commune aux adolescents d'ici de parents d'ailleurs et à ceux d'ailleurs de parents d'ici comme celle « d'être des greffons dont les racines ont pris naissance ailleurs, mais qui doivent réussir la transplantation » et s'interroger sur l'aide et le soutien qu'on pourrait leur apporter. Un groupe de parole réunissant les pairs sera-t-il productif dans ce processus ? À savoir, est-ce que le soutien des congénères et le partage d'expériences aideraient chacun à se raconter, à recomposer le récit de son histoire afin de se l'approprier ? En revanche, si la psychiatrie transculturelle est un outil thérapeutique pour l'adolescent de parents migrants et sa famille biologique, elle se révèle moins pertinente pour l'adolescent adopté dans sa construction identitaire et sa famille adoptive. Cela risquerait d'avoir un effet contre-productif et de stigmatisation dont le résultat serait contraire au but recherché. Le soignant a la tâche autant que la charge d'aider ces adolescents, au-delà de leurs racines culturelles diverses et profondément enfouies, à se saisir de « la force de leurs racines psychiques » (Ozoux-Teffaine, 2006, p. 50), à retrouver une « image positive d'eux-mêmes, soubassement narcissique » (Lévy-Soussan et Marinopoulos, 2007, p. 3) indispensable, loin de la préoccupation de la couleur de l'écorce, aristocratiquement encore définie, pour leur permettre plus que toute autre chose de devenir ce à quoi ils aspirent dans leurs rêveries, devenir à part entière les fruits de la nouvelle citée à laquelle ils appartiennent. Ces adolescents malgré leurs différences composent l'identité nationale.

> Si nos parcours sont différents, nous avons les mêmes espoirs ; si nous n'avons pas tous la même apparence et si nous ne venons pas tous du même endroit, nous voulons tous aller dans la même direction…
>
> Barack H. Obama, « De la race en Amérique », Philadelphie, 18 mars 2008.

Bibliographie conseillée

BODY LAWSON F., DACQUI L. et SIBERTIN-BLANC D. (2008). « L'adoption à l'épreuve de l'adolescence », dans *Neuropsychiatrie de l'enfance et de l'adolescence*, *56*, 461-467.

MORO M.-R., DE LA NOË Q. et MOUCHENIK Y. (2004). *Manuel de psychiatrie transculturelle*, Grenoble, La Pensée sauvage.

OBAMA B. (2008). *Les Rêves de mon père*, Paris, Presses de la Cité.

10 LE RAPPORT AU PAYS D'ORIGINE[1]

En France, l'adoption internationale a débuté le 29 octobre 1967 par l'arrivée de deux enfants vietnamiens. Le paramètre international, nouveau à l'époque, introduit une dimension politique dans des adoptions qui ne peuvent pas être une affaire uniquement familiale. De plus, la fréquente différence de phénotype entre parents et enfants les rend évidentes aux yeux de tous, et les transforme en phénomène social. Dès lors, chacun fait référence au pays d'origine et donne son avis. Le rapport au pays d'origine comporte, bien entendu, des aspects pratiques, mais, du point de vue psychique, il est calqué sur le « roman familial ». Chez les adoptés, le fantasme du roman familial se télescope avec la réalité, puisque les adoptés ont bien quatre parents réels, plus un nombre variable de parents fantasmés. Dans l'adoption internationale, il y a, en plus, un « cinquième parent », réel, mais clandestin, qui est le pays d'origine, le plus souvent mis inconsciemment à la place des parents biologiques, ce qui explique les réactions passionnées souvent exprimées à propos de ce pays.

1 Les adoptés et leur pays d'origine pendant l'enfance

1.1 Développement du jeune enfant

L'attitude vis-à-vis du pays d'origine varie d'un enfant à l'autre, mais aussi, pour un même jeune, au cours de son évolution.

1. Par Françoise Maury.

Les enfants adoptés très tôt auront à découvrir qu'ils sont adoptés et d'origine étrangère. Au stade du miroir (entre 6 et 18 mois), ils se conduisent comme les autres bébés. Ils prennent conscience de leur existence en tant qu'individu, jubilent devant leur image et se comparent à leurs parents. Ils sont trop jeunes pour en tirer des conclusions quant à la différence de race impliquant une origine adoptive. Il n'est pas rare, lorsqu'ils commencent à parler, qu'ils se trouvent des ressemblances avec leurs parents : les mécanismes identificatoires se mettent en route indépendamment d'une réelle similitude physique. La prise de conscience d'avoir une origine étrangère peut être tardive pour les enfants de type européen mais, la plupart du temps, si leurs adoptants tardent à les informer, ils le découvrent quand même grâce aux commentaires de l'entourage. Pour les enfants typés, cela a lieu, au plus tard, au moment de l'entrée à l'école. Ils questionnent leurs parents qui répondent en nommant le pays d'origine. Cette identité devrait comporter des paramètres culturels, des particularités ethniques, dont les enfants ignorent tout. À l'âge de la maternelle, et tant qu'ils n'ont pas acquis un minimum de connaissances, le nom de la nationalité d'origine constitue une identité « vide ». Les jeunes enfants ne sont pas troublés pour si peu : ce qu'ils souhaitent, c'est disposer d'un mot pour se désigner et répondre aux questionneurs, ils n'ont que faire d'un cours d'ethnographie comparée. Être « éthiopien » ou « russe » ne fait pas une grande différence pour un enfant qui ne s'est pas encore heurté au racisme.

Si les adoptants ne paraissent pas en être gênés eux-mêmes, l'origine étrangère est acceptée avec sérénité et la situation d'adopté ainsi que la différence de phénotype qui va souvent avec, également. Les adoptants vivent l'adoption comme un grand bonheur, ce qui incite les petits à en faire un motif de fierté, car ils sont porteurs d'une originalité qui les rend plus intéressants que leurs camarades. Beaucoup de petits adoptés posent ensuite des questions sur « leur pays », mais ne mettent aucun empressement à étudier quoi que ce soit concernant leur pays d'origine si cela cesse d'être un plaisir, une occasion de se valoriser, et commence à demander un effort.

Si un enfant insiste beaucoup et revient sans cesse sur ce sujet, c'est souvent une façon de demander qu'on s'intéresse à lui, voire même de « se rendre intéressant ». Ce peut être aussi une façon indirecte de questionner sur ses origines, au sens sexuel, si les parents, préoccupés par la façon de parler de l'adoption, négligent d'expliquer comment on fait les bébés, ou même utilisent « le pays » pour occulter « les parents biologiques ». À l'inverse, des questions répétitives sur la fabrication des bébés peuvent masquer des interrogations concernant l'origine adoptive du petit questionneur. Quoi qu'il en soit, à l'entrée en maternelle, un enfant doit avoir reçu de ses parents des informations adaptées à son âge sur la sexualité, sur la naissance des bébés, sur sa propre adoption, son pays d'origine et ses parents biologiques. Il doit aussi savoir que s'il a d'autres questions, il peut les poser sans gêne particulière.

Un petit nombre d'enfants réalise très tôt que la joie de l'adoption est précédée par le décès des parents biologiques ou par un abandon et que leur origine étrangère et leur différence raciale révèlent cela à tous. N'ayant pas été portés dans le ventre de leur mère adoptive, ils craignent d'être moins proches d'elle affectivement, d'être encore abandonnés. Quelques-uns se demandent si leur différence raciale est une tare qui justifie qu'on les aime moins, surtout s'ils ont entendu des réflexions méchantes. Ils peuvent passer alors par une dépression transitoire. Il importe de les rassurer sur le caractère définitif de l'adoption, leur propre valeur, et le fait qu'on peut ressembler à ses parents autrement que physiquement. Pour la plupart, cette prise de conscience ne se fait qu'au début de l'adolescence. Les enfants adoptés alors qu'ils sont déjà grands se savent d'origine étrangère. Les premières années, on a vu arriver des jeunes qui se croyaient en séjour touristique, ou bien aux USA ; actuellement ils reçoivent des explications sur leur adoption, avant le départ. Dès que les difficultés linguistiques sont levées, il faut s'assurer qu'ils ont compris et les aider à verbaliser leur situation en français. Même s'ils sont partie prenante de l'adoption et non victimes passives, le changement d'identité, de langue, de culture, de filiation est toujours difficile.

1.2 L'apprentissage de la langue

Les premiers jours, il y a inévitablement des problèmes d'incompréhension linguistique que la communication non verbale ne résout pas complètement. Les enfants confrontés à une langue qu'ils ne connaissent pas utilisent diverses stratégies. Les plus nombreux bavardent sans se soucier d'être compris, puis entrelardent leurs phrases de mots français ; peu à peu, le français remplace la langue d'origine. D'autres restent silencieux, écoutent, et ne parlent que quand ils sont certains de le faire correctement. Quelques-uns refusent catégoriquement le français ; ils se bouchent les oreilles, chantent dès qu'on leur parle ou entreprennent même d'imposer leur langue à leur famille adoptive ; ils courent le risque d'oublier cette langue avant d'avoir acquis le français, et de se trouver transitoirement sans langage pour s'exprimer. Quelle que soit leur attitude, ces enfants deviennent compréhensibles pour la vie courante en quelques mois et parlent un français parfait au bout de 12 à 18 mois. Ils oublient leur langue maternelle et refusent les aides qui permettraient de la conserver. Ils ne voient pas l'intérêt de conserver une langue qu'ils ne peuvent parler avec personne et veulent être français, comme leur famille. Pour la plupart, le français est devenu la langue maternelle.

Les exceptions sont rares : quelques adoptés à l'adolescence, quelques enfants adoptés entre 7 et 11 ans et qui ont conservé un accent et quelques mots de leur langue, quelques enfants qui ont compris que pour conserver des liens affectifs dans le pays d'origine, il faut garder la langue et qui ont fait des efforts pour y arriver, mais cela se paie par un accent perceptible en français et, souvent, de moins bonnes études car ils parlent le français comme un étranger, et la langue d'origine comme un enfant, parce que, ayant quitté le pays, ils n'ont plus progressé.

La culture n'étant pas génétique, on ne peut parler d'incompréhension interculturelle que dans le cas d'enfants adoptés assez grands pour avoir acquis quelque chose de la culture de leur pays. L'incompréhension nécessitant l'intervention d'un traducteur pour expliquer la situation ne devrait pas dépasser quelques semaines. Les enfants qui veulent s'intégrer sont de bons imitateurs, comprennent rapidement les usages et tentent de s'y conformer. Loin de vouloir conserver leurs anciennes coutumes, ils refusent tout ce qui les maintient dans un statut d'étrangers. Même s'il y a des difficultés d'intégration familiale, l'intégration sociale, notamment parmi les pairs à l'école, se fait très vite.

Ce sont eux qui doivent s'accoutumer à leur nouveau pays. Il n'est donc pas question de révolutionner la maison pour s'adapter à leurs coutumes à eux. Les premiers jours on peut éviter de leur proposer une nourriture trop exotique pour eux, mettre des baguettes à leur disposition… Par la suite, on respectera les objets auxquels ils tiennent, on leur fera occasionnellement plaisir, par exemple en cuisinant un plat qu'ils aimaient, mais on n'introduira dans la vie familiale que ce qui peut s'y intégrer naturellement. Toutes les familles se déclarent prêtes à fournir à leurs enfants les moyens d'étudier la culture de ce pays et d'en acquérir une image positive. Beaucoup ont des livres, des guides touristiques, mis à la disposition des enfants, fréquentent les réunions familiales organisées par les organismes d'adoption, etc.

1.3 Au-delà des « difficultés interculturelles »

Au-delà de quelques semaines, les difficultés « interculturelles » masquent autre chose. Des adoptants déçus par leur enfant peuvent trouver commode de mettre en avant son exotisme en l'exagérant. Inversement, un enfant perturbé par tant de changements peut se cramponner à des usages dérisoires qui font, pour lui, office d'éléments stables dans une vie bouleversée. L'enfant peut simplement chercher à se rendre intéressant, utiliser son origine étrangère pour cela, et en rajouter. Il peut aussi être en train de tester l'autorité parentale et de tenter d'imposer sa propre loi à la maison. Si les adoptants jouent tout le temps la conciliation, s'ils n'osent pas critiquer leur enfant, si les observateurs extérieurs le trouvent énervant mais s'interdisent de le dire par crainte d'être taxés de racisme, tout le monde finit par se retrouver pour mettre en avant une profusion d'explications « culturelles ».

Si l'opposition de l'enfant, vraiment insupportable, déborde largement la sphère des coutumes réelles ou inventées, il peut s'agir d'une erreur de cible. L'enfant exprime une agressivité adressée en réalité aux parents abandonnants et redirigée sur ses adoptants, placés en position de « mauvais parents » quoi qu'ils fassent. Dans ce cas de figure, le petit adopté peut être charmant avec d'autres gens parce qu'il veut s'en faire des alliés contre ses adoptants, ou parce que ces personnes n'occupent pas, pour lui, la place de « mauvais parents » ; sa révolte ne signifie pas obligatoirement que les adoptants ont tous les défauts dont il se plaint. Plus grave : on peut se trouver face à une pathologie mentale non signalée. Les adoptants désemparés par un enfant perturbé et ignorants de la maladie mentale craignent d'être mal jugés, car beaucoup de gens font montre de sadisme envers eux, feignant de ne pas avoir repéré les troubles du jeune, et accusant les adoptants de ne pas aimer leur enfant. Les parents reprennent à leur compte le déni de la réalité et utilisent « pays d'origine » et « culture » comme écran protecteur : l'enfant n'est pas difficile, il est exotique.

En présence d'une mauvaise conduite, il ne faut jamais accepter l'excuse des « coutumes exotiques » qui ont trop souvent bon dos. Bien des immigrants adultes s'adaptent sans histoire sur le plan culturel, même s'ils conservent la connaissance de leur culture d'origine et la nostalgie de leur pays. Si entre adoptants et adopté, le problème n'était que culturel, l'accord se ferait très vite. Ce sont les autres paramètres, affectifs, qui causent l'essentiel des difficultés. Les dénier au profit de la culture fait qu'on renonce aux solutions adéquates.

2 Les adoptés et leur pays d'origine pendant l'adolescence

2.1 Une crise ?

La crise d'adolescence des adoptés est en grande partie identique à celle des autres jeunes, mais elle est souvent longue et difficile. Tout ce qui a été mal vécu pendant l'enfance refait surface au cours de l'adolescence. Cela donne une nouvelle chance d'élaborer ce qui ne l'avait pas été, et les adoptés ont souvent beaucoup d'expériences traumatisantes à retravailler, avec cette circonstance aggravante que la rupture plus totale avec le passé induit le fait que, à âge égal au moment de l'adoption, les adoptés étrangers ont beaucoup moins de souvenirs. L'amnésie ne supprime pas le vécu antérieur à l'adoption, mais le rend plus difficile à assumer car devenu inconscient. Certains adoptés sombrent dans la dépression : repli sur soi, rumination morose au sujet de leur abandon et du fait qu'ils ne savent pas à qui ils ressemblent, crainte de ne rien valoir, conduites d'échec, masochisme... En début d'adolescence ils étaient de bons petits, reconnaissants envers leurs adoptants ; en fin d'adolescence, il est fréquent qu'ils rejettent ce fardeau et s'autorisent quelques passages à l'acte. D'autres sont surtout agressifs : fugues, colères, reproches, rejet de l'école. Ils ont besoin d'exprimer la révolte qui les habite à cause de leur abandon, et les adoptants paient pour les parents biologiques absents ; le plus souvent, ces jeunes finissent par comprendre leur erreur, abordent la vie adulte plus sereinement et rétablissent de bonnes relations avec leurs adoptants.

La crise d'originalité juvénile est parfois marquée par des références au pays d'origine. Le jeune cherche à se singulariser à tout prix par rapport à sa famille ; il affiche des modes et des coutumes de son pays, réelles ou inventées. C'est un bon moyen de s'opposer et de faire enrager les parents qui s'angoissent d'une possible volonté de retour aux sources. Certains adolescents deviennent manipulateurs hors du foyer familial et jouent de leur « différence culturelle » pour se rendre intéressants, obtenir des bénéfices secondaires et se dispenser de respecter les règles. Ils savent être « non francophones », « réfugiés », quand cela leur vaut de l'indulgence pour leurs résultats scolaires. Il est facile de trouver des oreilles complaisantes quand on se plaint d'avoir eu la malchance de tomber sur de mauvais adoptants ou d'avoir le mal du pays.

Le questionnement identitaire, mis en sourdine pendant la période de latence, revient au premier plan. Qui sont-ils ? L'appartenance raciale est généralement donnée par l'aspect physique et les renseignements fournis par le pays d'origine. Elle est facilement acceptée dans l'enfance, mais peut devenir une source d'angoisse, même si le jeune n'est pas victime du racisme, car elle indique une origine en contradiction avec la filiation et la culture élues. La culture et la nationalité françaises, la filiation, sont données par l'adoption ; cela n'exclut pas les conflits de loyauté, les regrets et la gêne au quotidien. La société ne laisse pas ignorer aux adoptés qu'ils « devraient » être de telle ou telle nationalité. Ils prennent conscience que la nationalité d'origine n'est pas uniquement une réponse à fournir aux curieux, ni un mot qui qualifie l'apparence physique, mais qu'elle est également porteuse d'une culture dont ils sont coupés. Ils peuvent craindre les tentatives d'embrigadement par des citoyens du pays d'origine, et les moqueries, compte tenu de leurs lacunes culturelles.

2.2 *Le pays d'origine*

La question du pays d'origine revient en force à l'adolescence. On ne peut pas faire l'économie, à un moment ou un autre, des interrogations sur les origines biologiques et ethniques et sur la culture qui va avec. Les adolescents oscillent entre plusieurs modes de fonctionnement. Ils peuvent afficher une indifférence massive à l'égard de ce pays : c'est une façon de refuser de savoir ce qu'il en est de leur abandon et de leur adoption. Ils peuvent passer au rejet actif, refusant toute information, critiquant tout, repoussant tout contact avec une personne originaire du même pays, et se répandant en déclarations qu'on qualifierait de racistes si elles émanaient de n'importe qui d'autre. On observe cependant que ce racisme paradoxal ne vise pas les personnes connues depuis longtemps, et qu'il semble rendre les jeunes plus heureux et plus équilibrés. C'est un déplacement de la haine destinée aux parents abandonnants, bien préférable à la haine de soi-même et à l'autodépréciation morbide. Ça soulage les adoptants qui ne servent plus de cible ; quant aux citoyens du pays d'origine, n'étant pas au courant, ils ne s'en portent pas plus mal. C'est pour des motifs sociaux et éducatifs qu'il convient malgré tout de lutter contre ce comportement.

Le regain d'intérêt pour le pays d'origine est l'attitude la plus fréquente. Beaucoup de jeunes veulent rencontrer d'autres personnes de la même ethnie, adoptées ou non, et souhaitent faire un voyage dans leur pays d'origine. Ils réclament les cours de langue qu'ils repoussaient auparavant ; ils sont très assidus au début, puis laissent tomber assez brutalement quand ils constatent que cette langue des origines leur est devenue étrangère, et qu'il y a un véritable travail à fournir, ou bien quand leur questionnement identitaire s'apaise, ou encore quand ils ont fini de provoquer leurs adoptants. Très peu persévèrent jusqu'à récupérer une bonne connaissance de la langue et de la culture. Cet intérêt culturel, généralement bien accueilli par les adoptants, peut déclencher une lourde culpabilité, s'il est inconsciemment confondu avec la recherche des parents biologiques et, plus encore, s'il est sciemment le prélude à des tentatives pour retrouver les géniteurs. En fin d'adolescence, ces jeunes s'apaisent. Ils acceptent leur propre histoire, leur famille adoptive, et se disent français d'origine étrangère, et non étrangers séjournant en France.

Le retour au pays d'origine, de façon durable, est rarissime, en revanche, la plupart des jeunes souhaitent, à un moment de leur vie, y faire un séjour, même s'ils ont longtemps refusé d'y aller. Une demande qui semble correspondre à un désir profond mérite d'être prise au sérieux, mais il n'est pas utile de foncer sans tenir compte des autres nécessités de la vie familiale. Inversement, on ne force pas un enfant qui refuse d'y aller. Certains font des détours, par exemple une jeune d'origine béninoise peut éviter soigneusement le Bénin et aller visiter le Sénégal, avant de se décider à reconnaître son véritable désir et à sauter le pas. Il est bon d'y aller afin que ce pays, oublié puis fantasmé, redevienne un pays comme les autres, et que le jeune puisse réaliser que connaître son pays d'origine, et même l'aimer ne suffit pas à résoudre tous les problèmes existentiels.

Ce sera un voyage riche en émotions ; il ne faut pas laisser un adolescent y aller seul. Il est bouleversant de se rappeler soudain des souvenirs et de reconnaître des lieux. Ça l'est tout autant de constater qu'on ne se rappelle rien, malgré ses efforts, et que la langue, qu'on pensait récupérer dès qu'on l'entendrait à nouveau, est bel et bien oubliée. Quand on proclame depuis toujours son appartenance à une ethnie idéalisée, il est très difficile d'endosser le rôle d'étranger ou de mal élevé, attribué par les natifs à ceux qui ne connaissent pas la langue et les usages. Cela peut provoquer l'effondrement d'une personnalité à l'identité fragile. Dans le meilleur des cas, les adoptants auront à réconforter un adolescent qui se réfugie auprès d'eux. Mais ils peuvent aussi constater que leur enfant les repousse, car leur présence lui fait honte : elle trahit sa situation d'adopté, limite ses revendications identitaires et l'empêche d'endosser le rôle de victime maltraitée en France, qui lui vaudrait des bénéfices secondaires auprès des natifs toujours disposés à se porter au secours des jeunes qui reviennent au pays.

L'intérêt pour le pays d'origine et sa culture est normal et peut perdurer indépendamment des préoccupations concernant les parents biologiques et l'abandon. Mais pour beaucoup de jeunes, les deux sont liés : pays d'origine et parents biologiques font l'objet des mêmes sentiments contradictoires et passionnés. Cette confusion peut demeurer quelque temps inconsciente. Elle évite les sentiments de culpabilité envers les adoptants et les conflits de loyauté. Néanmoins, aucun enfant adopté ne se satisfait longtemps de renseignements culturels ou touristiques. L'intérêt culturel s'émousse ou bien il n'est plus que l'outil de communication nécessaire pour mener à bien des recherches concernant la famille d'origine. Un jour ou l'autre, on peut passer à la préoccupation essentielle : les parents biologiques.

3 Les adoptants et le pays d'origine de leurs enfants

Le profil des adoptants internationaux a changé depuis 1967. Ils sont plus jeunes, ils connaissent les procédures et savent comment présenter leur demande. Ils ont des idées plus réalistes sur les pays étrangers et ne craignent plus de voyager. Ils sont motivés à près de 100 % par un problème de stérilité, ou de célibat, et choisissent l'adoption internationale parce qu'ils savent que cela augmente leurs chances. À cette motivation de base peuvent venir s'ajouter d'autres motivations secondaires comme le désir de sauver un enfant de la misère.

3.1 Les représentations du pays d'origine par les adoptants

Le choix du pays d'origine est souvent lié à des considérations pratiques : celui où ils ont des relations, celui où les démarches sont moins coûteuses ou plus rapides… Au titre des motivations –secondaires, on rencontre des candidats qui mentionnent une sympathie particulière pour tel ou tel pays, la fréquentation d'enfants originaires de ce pays et qu'ils ont trouvés beaux, gentils… Les motivations suspectes qui feraient rejeter la candidature sont rarement exprimées pendant les démarches : les adoptants savent ce qu'il ne faut pas dire, mais on entend parfois mentionner par la suite des préjugés racistes qui ont conduit à désirer ou refuser d'adopter dans tel pays, ou encore des remarques méprisantes concernant les enfants de l'ASE (Aide sociale à l'enfance), et l'espoir d'être mieux servi à l'étranger…

Avant qu'une décision soit prise concernant le pays d'où proviendra l'enfant, la plupart des futurs adoptants n'ont que des connaissances sommaires, acquises à l'école, sur ce pays. Dès qu'on leur annonce qu'un enfant leur est attribué, ils se précipitent sur un atlas et sur tous les ouvrages disponibles afin de se documenter. Les exceptions sont rares, mais quelques-uns ont déjà une culture livresque approfondie, des amis de même ethnie, ont déjà visité ce pays, ou même, y ont vécu quelque temps. La connaissance antérieure d'un pays oriente le choix des postulants et rend facile l'acceptation d'un enfant de ce pays déjà familier.

Certains se préparent à adopter le pays en même temps que l'enfant, d'autres se contentent de quelques renseignements utiles, ils adoptent un enfant et accordent peu d'importance au pays d'où il vient, même s'ils le respectent. Les cas de rejet total, haineux, du pays d'origine des enfants sont très rares, et encore plus rarement exprimés. Une chose est sûre : à partir du moment où un pays devient « pays d'origine », il ne sera jamais plus un pays ordinaire, ni pour l'enfant adopté, ni pour les adoptants, ni pour les proches. Les adoptants font comme tout le monde : dans leurs fantasmes, ils confondent parents biologiques et mère patrie, et éprouvent les mêmes sentiments ambigus et contradictoires envers les uns et les autres.

Ils éprouvent de la reconnaissance pour avoir reçu le cadeau d'un enfant, désirent payer leur dette et sont convaincus que, de même que la mère biologique n'a jamais désiré abandonner, le pays n'a pas souhaité envoyer des enfants à l'étranger pour y être adoptés, mais s'y est résigné, pour leur bonheur. En même temps, des fantasmes agressifs émergent : sauver un enfant en l'arrachant à un pays incapable de l'élever, démontrer que la France est une meilleure patrie, se mettre en rivalité en tant que meilleurs parents…

Même quand l'adoption a été réalisée dans de parfaites conditions d'honnêteté et de transparence, ils peuvent développer un sentiment de culpabilité, comme s'ils avaient transgressé les lois de la nature, commis un rapt et édifié leur bonheur sur le malheur d'autrui. Ils redoutent que le pays d'origine réclame un jour leur enfant et sont alors prêts à tout pour se faire pardonner. Ils s'interdisent de penser que la génitrice ait pu se sentir délivrée d'un fardeau, que l'orphelinat était mal tenu et les enfants négligés, que les employés considéraient que les placer à l'étranger faisait partie de leur travail, que certains pays sources puissent envoyer de préférence certaines catégories d'enfants à l'étranger, pour s'en débarrasser… Quelles que soient les circonstances, ces adoptants en proie à la culpabilité ne disent que du bien du pays d'origine de leurs enfants, envoient des photos, des nouvelles, reviennent en visite à l'orphelinat, sont les « meilleurs amis » de tout citoyen de ce pays, et font des dons très importants… La sympathie manifestée au pays dispense de s'attarder sur ses sentiments à l'égard des géniteurs.

Tant qu'ils ne deviennent pas envahissants, ces sentiments contradictoires sont normaux. Il est normal de vouloir faire, pour l'enfant adopté, mieux que ce qu'il aurait pu espérer dans son pays d'origine. Ce n'est pas une raison pour passer son temps à se vanter et à dénigrer ce pays, ni pour humilier l'enfant en lui expliquant publiquement à quel point il a de la chance d'être en France, ni pour en faire un enfant roi auquel on cède sur tout pour qu'il ne puisse pas se plaindre. Donner des nouvelles de l'enfant, entretenir quelques relations avec des citoyens du pays d'origine, faire des dons à l'orphelinat est normal. Il n'est pas sain de les inonder de cadeaux et de photos, à seule fin de leur faire admettre que la France fait beaucoup mieux qu'eux. Le paiement des démarches, le don d'argent à l'orphelinat, surtout si le montant est fixé d'avance, ont une fonction saine : les parents assument leur dette, l'orphelinat qui reçoit l'argent, le pays qui confie l'enfant reconnaissent qu'il n'y a pas eu rapt, mais consentement à l'adoption. Bien entendu, les dons, tarifés ou libres, ne doivent jamais être élevés au point de créer des difficultés financières aux adoptants : il ne s'agit pas de se laisser dépouiller pour acheter un enfant à tout prix.

D'autres adoptants, qui ne fonctionnent pas dans la rivalité font, en revanche, preuve d'un excès de solidarité : ils ne se sentent pas le droit de critiquer les géniteurs ou le pays d'origine. Vis-à-vis de quiconque, mais surtout auprès de leurs enfants, ils chantent leurs louanges, justifient tous les comportements, présentent les abandons comme des actions méritoires et insistent sans cesse sur le respect qui leur est dû. Ils courent le risque de les instituer en tant que véritables parents, donc de se destituer eux-mêmes, tandis que les enfants auxquels on ne permet pas de se plaindre d'avoir été abandonnés ou maltraités finissent par se persuader de ne rien valoir puisque les traiter de cette manière est justifié, ou bien ils se révoltent contre des adoptants complices avec les géniteurs et le pays d'origine pour les désigner comme « mauvais ». Il est souhaitable d'accompagner un enfant dans ses interrogations, de l'écouter en parler, d'accepter ses oscillations, ses plaintes (lui, il a le droit de se plaindre d'avoir été abandonné), son évolution, mais pas de lui dicter ce qu'il doit en penser. Au bout du compte, ces sentiments contradictoires finissent par cristalliser ; on peut alors observer deux positions extrêmes, toutes deux dommageables pour l'enfant.

Une pseudo-indifférence agressive de la part de personnes qui ont littéralement pris possession d'un enfant, écartent toutes les questions concernant ses origines au point de créer un véritable tabou, ou bien en disent du mal, tant ils craignent que cet enfant les rejette et se retourne vers son pays et ses parents biologiques. Le choix d'adopter à l'étranger, dans ce cas de figure, se justifie par la croyance qu'on pourra jouer sur le velours en proposant à l'enfant de « revoir son pays », tout en sachant que le risque d'un retour au pays pour autre chose qu'un court séjour est négligeable pour des enfants complètement assimilés à la culture française et désormais inadaptés sur leur lieu de naissance. À l'autre extrême, on rencontre le pseudo-intérêt contraphobique des parents qui conjurent leur sentiment de culpabilité à l'idée d'avoir pris un enfant à un pays en manifestant un grand intérêt et une amitié, factices, pour les citoyens de ce pays, allant jusqu'à afficher une véritable « vietnamophilie », « roumanophilie », etc., et se jeter à la tête des natifs du pays pour se faire remarquer favorablement et se cacher à soi-même la gêne éprouvée vis-à-vis des étrangers auxquels on a « pris un enfant ». Ce pseudo-intérêt contraphobique a l'apparence du sympathique intérêt pour le pays d'origine des enfants, décrit comme une « lune de miel ». Il s'en distingue radicalement par ses excès et l'angoisse profonde qui le sous-tend.

Fort heureusement, la plupart des adoptants prennent conscience des sentiments contradictoires et excessifs qui les habitent avant même l'arrivée de leur enfant, ou dans les mois qui suivent. Ils peuvent alors contrôler et ordonner leurs affects, afin qu'ils ne nuisent à personne, et adopter une position raisonnable et équilibrée, aussi éloignée du pseudo-intérêt contraphobique que de la pseudo-indifférence agressive. Beaucoup d'adoptants vivent une « lune de miel » avec le pays d'origine de leur enfant. Après l'arrivée de l'enfant, la fierté parentale explose. Dès lors qu'ils aiment leur enfant, les adoptants considèrent que chacune de ses particularités est une qualité. Si l'enfant est « typé », son exotisme, son origine étrangère constituent un charme de plus ; certains nouveaux parents auraient même tendance à plaindre ceux qui se sont vu confier un Français ! Mais, au bout de quelque temps, la familiarisation aidant, la différence de race est reléguée au second plan : les parents ne voient plus que le petit visage aimé de leur enfant et s'étonnent de le trouver si peu typé. Parmi ceux qui avaient des préférences marquées pour un pays source, quelques-uns vont jusqu'à infléchir un peu la réalité, dans le sens qui comble le mieux leurs désirs, comme le démontre l'exemple cité ci-après.

Exemple

Nous avons rencontré cinq familles dont l'histoire est apparemment la même : une étudiante française s'est retrouvée enceinte d'un Maghrébin qui l'a aussitôt abandonnée ; elle a décidé d'accoucher « sous X » et le petit garçon a aussitôt été placé dans la famille qui l'a adopté. Du point de vue biologique, il y a autant de raisons de considérer l'enfant comme maghrébin que comme français ; du point de vue culturel, il est uniquement français puisqu'il n'a jamais vécu au Maghreb, et qu'il n'a été élevé que par des Français. Dans deux familles, l'enfant est considéré comme français, sans qu'on lui cache la particularité qui consiste à avoir eu un géniteur maghrébin. Dans les trois autres, l'enfant est considéré comme maghrébin, on lui parle de « son pays », on veut l'instruire de « sa culture », etc. Dans une famille, on va même plus loin : on souhaitait avoir un enfant maghrébin, par intérêt pour la culture arabe et sympathie particulière pour les Tunisiens ; rappeler que l'enfant n'est qu'à moitié maghrébin et que, de surcroît, son géniteur était marocain et non tunisien serait plutôt le dévaluer aux yeux de ses parents, qui ne lui mentent pas mais qui l'amènent en vacances en Tunisie en lui parlant de « son pays ». Cette famille connaissait et aimait la Tunisie avant toute idée d'adoption.

Pour presque tous les adoptants, l'intérêt pour le pays d'origine est une conséquence de l'amour qu'ils portent à leur enfant. Ils sont désormais convaincus que ce pays est beau, sa culture admirable, les gens attachants... Souvent, ils se mettent à étudier la langue, l'histoire, la géographie de ce pays. Ils connaissent très vite une double déception. Tout d'abord, leur enthousiasme n'est pas partagé par les citoyens des pays sources qui, eux, n'ont adopté personne, et n'ont aucune raison de considérer les adoptants autrement que comme des étrangers. Avoir adopté un enfant de telle ou telle nationalité ne suffit pas pour briser une amitié préexistante avec des natifs de ce pays mais, contrairement à ce qu'espéraient certains adoptants, ça ne facilite pas le développement d'une amitié nouvelle, car les citoyens du pays sont souvent gênés et réticents. La « lune de miel » est à sens unique.

Les adoptants croient pouvoir partager ce nouveau centre d'intérêt avec leur enfant, mais les jeunes adoptés manifestent un intérêt fluctuant : eux veulent s'adapter en France, s'identifier aux copains, vivre leur vie quotidienne... Si d'aventure ils voulaient s'opposer en s'affirmant étrangers, l'enthousiasme parental leur coupe l'herbe sous le pied. Même quand ils s'intéressent à leur pays d'origine, ils souhaitent souvent se documenter ailleurs qu'auprès de leurs adoptants. Ce n'est pas une question de compétence, mais un conflit de loyautés. Consciemment ou non, les adoptés se rendent compte que leurs interrogations débordent le cadre de la culture, se portent sur leurs origines biologiques, et peuvent déboucher sur la recherche de leurs géniteurs. Ils peuvent alors craindre de faire de la peine, et/ou d'être entravés dans leurs recherches.

Les adoptants peuvent continuer à se passionner pour le pays d'origine de leurs enfants, et même atteindre un niveau de compétence élevé dans ce domaine, mais seuls. Il est rare que les centres d'intérêt des parents et des enfants se rejoignent un jour, dans ce domaine précis.

3.2 La responsabilité d'assurer une éducation française à son enfant

Les adoptants sont des parents à part entière, mais ils ont été fragilisés par la crainte de ne jamais pouvoir être parents, par l'obligation de se soumettre aux enquêtes de travailleurs sociaux et de prouver qu'ils en sont dignes, par l'angoisse toujours latente que leurs enfants les récusent un jour. Ils ont souvent été humiliés par des commentaires dépourvus de délicatesse, des soupçons insultants. Beaucoup de gens restent à l'affût des erreurs qu'ils pourraient commettre, se permettent d'intervenir dans l'éducation des enfants en court-circuitant les adoptants et ne pensent jamais qu'un comportement difficile puisse trouver sa source dans la vie de l'enfant, antérieurement à l'adoption. Mais ce sont quand même des parents à part entière qui ont, comme tout parent, le devoir de faire de leur mieux, pas celui d'être parfaits.

Ils ont la responsabilité d'assurer une éducation française à leurs enfants. Le but de l'adoption, c'est l'intégration dans une nouvelle filiation, au sein de la société française. C'est l'enfant qui doit s'adapter et devenir français ; toute personne qui ne serait pas convaincue du bien-fondé de l'intégration culturelle des enfants d'origine étrangère ne peut envisager de se lancer dans l'adoption internationale. Veiller à conserver au moins en partie l'identité culturelle de quelqu'un a un sens s'il s'agit d'un immigrant adulte, ou d'un enfant accompagné de ses parents biologiques. C'est un devoir si l'enfant qu'on reçoit est destiné à repartir un jour dans son pays, comme dans le cadre d'un parrainage pour la durée des études ou le temps de subir une intervention chirurgicale importante, par exemple.

On ne peut transmettre que ce qu'on connaît : la transmission d'une culture qu'on ignore est impossible. La culture que les adoptants transmettent est, inévitablement, la culture et l'identité françaises ; il ne peut pas en être autrement sur le plan pratique : comment des parents français, vivant en France, pourraient-ils donner à leurs enfants une culture étrangère qu'ils connaissent peu, d'une manière si importante qu'elle serait susceptible de primer sur la leur ? Il ne faut pas confondre la transmission intellectuelle de données culturelles ou la fréquentation occasionnelle de gens de même ethnie avec le bain culturel quotidien. Même si les parents révolutionnent la maison pour se conformer à ce qu'ils croient connaître de la culture d'origine de leur enfant, c'est la culture française qui va primer. Les immigrants asiatiques, qui ne manquent pas d'humour, se plaignent de « l'effet banane » sur leurs enfants qui sont « jaunes dehors », c'est-à-dire d'aspect asiatique, mais « blancs dedans », comme la banane, c'est-à-dire imprégnés de culture française. Comment des adoptants français pourraient-ils lutter contre « l'effet banane » ?

Certes, les enfants adoptés n'ont pas choisi de devenir français, mais qui a jamais eu le droit de choisir ses parents, son lieu de naissance et sa nationalité ? L'adoption est définitive. Elle vise à faire de l'enfant étranger adopté un citoyen capable de s'épanouir dans son pays d'accueil et sa famille. Elle ne doit pas produire des inadaptés, étrangers à la fois en France et dans leur pays d'origine. L'éducation française ne dispense pas de respecter les origines de l'enfant adopté, par principe, même si on en connaît peu de choses. Pour qu'un enfant accepte ses origines et son histoire, et qu'il soit certain d'être aimé pour lui-même et de façon inconditionnelle, il est indispensable que ses adoptants soient eux-mêmes à l'aise et capables d'en parler simplement. Et si les actualités donnent du pays d'origine une image peu flatteuse, on peut toujours lui dire que, quoi qu'aient pu faire ses géniteurs ou son pays d'origine, lui n'en est pas responsable. Tous les pays du monde ont connu des périodes dramatiques ; un jour ça ira mieux.

L'entourage a souvent tendance à tout expliquer par les origines de l'enfant. Il est erroné, mais inoffensif de penser que c'est parce qu'il est d'une origine ethnique qu'on apprécie qu'un enfant a autant de qualités. L'enfant qui réussit et ne pose aucun problème est toujours bien accepté. En revanche dès qu'il y a une difficulté, tout le monde se met à rappeler son origine étrangère et à chercher dans « sa culture » l'explication de ses écarts de conduite : l'enfant est alors dit « coléreux », « sexuellement précoce », « paresseux », etc., « comme on est souvent là-bas, dans son pays ». Un enfant est toujours beaucoup plus « étranger » quand il se conduit mal. Il est inutile que les parents s'y mettent aussi ! Ils se doivent de conserver une position raisonnable et mesurée envers le pays d'origine de leurs enfants. Les problèmes rencontrés au sein des familles adoptives d'enfants étrangers sont les mêmes que ceux posés par l'adoption nationale, à peine teintés, parfois, d'un peu d'exotisme. Attribuer les défauts de l'enfant à ses origines est faux, mais aussi dangereux : on risque de verser dans le racisme, mais surtout dans l'impuissance et le désespoir, car il est impossible de changer d'origine !

Encourager l'intérêt pour la culture du pays d'origine est parfait, à dose raisonnable. L'enfant a le droit d'être renseigné, dans la limite où il le souhaite ; il n'a pas à être submergé de renseignements. On peut lui fournir des occasions de connaître la culture de son pays d'origine, sans faire de l'activisme. Dans n'importe quelle matière scolaire, on peut dégoûter un élève en l'inondant de documentation non sollicitée. En matière d'adoption, c'est pire : trop insister sur la culture d'origine peut avoir la signification de « tu es un étranger, tu ne dois pas t'intégrer ici ». La position inverse : fuir comme la peste tout ce qui peut rappeler ce pays ou cette culture est stupide. Les adoptants de français ne se condamnent pas à faire des détours à chaque fois qu'ils font les courses afin d'éviter toute proximité avec la pouponnière dont provient leur enfant. Le pays d'origine et sa culture ne sont pas dangereux ! Si un enfant adopté en Colombie avait pour hobby l'étude de la culture chinoise, on l'encouragerait à cultiver ce centre d'intérêt ; s'il s'agit d'un enfant adopté d'origine chinoise qui étudie la Chine, il n'y a pas lieu de s'inquiéter : on peut l'encourager de la même façon discrète.

Actuellement, le politiquement correct est l'antiracisme et le respect des origines ethniques. C'est une position recommandable tant qu'on ne sombre pas dans les excès caricaturaux. Les jeunes enfants qui ont le plus de problèmes avec le racisme sont ceux dont les adoptants font sans cesse des déclarations de principe et sont toujours à l'affût pour se précipiter au secours de leur enfant victime du racisme, ce qui serait normal si l'enfant était véritablement victime, mais ce genre de parents a tendance à interpréter abusivement comme racistes même des propos très anodins. Le petit adopté comprend très vite que s'il se plaint du racisme, ses adoptants lui donneront raison ; c'est pratique pour éviter une punition méritée.

3.3 L'accompagnement des familles adoptives

Les parents peuvent demander de l'aide s'ils se sentent dépassés. Pour des difficultés banales, les conseilleurs habituels suffisent : enseignants, médecin de famille, grands-parents... Si c'est plus sérieux, il est possible de demander une psychothérapie pour l'enfant, mais pas systématiquement : être adopté, étranger n'est pas un trouble psychiatrique. Au début de l'adoption internationale, on conseillait de consulter un psychiatre ou psychologue de même origine installé en France, parce qu'il comprendrait mieux l'enfant. Il était parfois difficile de trouver quelqu'un qui remplisse ces conditions, mais c'est une idée judicieuse si l'enfant vient d'arriver et ne parle pas français. En revanche, s'il n'y a plus de problème linguistique, c'est inutile et parfois dangereux. C'est inutile dans la mesure où les difficultés qui persistent au-delà de quelques mois ne sont pas des problèmes d'incompréhension interethnique mais des problèmes affectifs qui sont universels, et pour lesquels le thérapeute de même ethnie n'est pas mieux outillé qu'un thérapeute français. Cela peut devenir dangereux si le thérapeute de même ethnie, lui-même mal à l'aise en France, attribue abusivement à l'enfant son nationalisme et son propre vécu d'étranger plus ou moins intégré qui regrette la patrie. Il risque de pousser l'enfant à s'identifier à lui-même, de le conforter dans une identité d'étranger résidant en France, et de l'inciter à considérer ses adoptants comme de simples nourriciers incapables de le comprendre, les vrais parents restant les géniteurs et la vraie patrie, le pays d'origine. Ce n'est évidemment pas le cas de tous les « psys » d'origine étrangère établis en France ; la plupart sont très compétents.

Les thérapies d'enfants adoptés étrangers comportent quelques particularités. Du fait de la rupture totale avec la vie antérieure à l'adoption, les jeunes ne disposent pas d'indices de rappel. À âge égal au moment de l'adoption, les étrangers ont beaucoup moins de souvenirs que les adoptés nationaux. L'amnésie ne supprime pas les traumatismes vécus avant l'adoption, ni les relations nouées avec les géniteurs ou le personnel de l'orphelinat, mais leur retour à la conscience est bien plus difficile, voire impossible, ce qui amène le thérapeute à gérer des affects « à l'état libre », déconnectés de leurs causes, et aussi des « faux souvenirs » bien difficiles à distinguer des vrais. L'enfant qui ne se rappelle pas fabule souvent ou raconte ce qu'il croit que les questionneurs attendent de lui, et la famille n'a guère de moyens d'investigation pour vérifier. Par la suite, il entend répéter autour de lui les fausses confidences qu'il a faites et finit par croire que telle est la vérité.

Une thérapie commence souvent avec un transfert positif : le jeune considère le thérapeute comme un « bon parent », un allié contre les « mauvais parents » adoptifs. Il constate rapidement que le thérapeute ne répond pas à toutes ses demandes, et qu'il est frustrant. Le thérapeute bascule alors dans la catégorie des « mauvais parents ». S'il parvient à manier avec adresse ce transfert négatif, la thérapie se termine sur un rejet du thérapeute, ce qui est une façon de rejeter en même temps tout un passé difficile, de conférer le statut de « bons parents » aux adoptants, et de repartir d'un meilleur pied. L'idéal serait d'aller jusqu'à une remémoration du passé, permettant une prise de conscience de la cause première des troubles. C'est rarement le cas. À défaut, on peut faire en sorte de favoriser l'expression des affects les plus douloureux jusqu'à ce qu'ils finissent par s'émousser, et l'acceptation d'une amnésie impossible à lever.

Il est fréquent que les jeunes en difficulté s'opposent à toute psychothérapie, et rendent la vie familiale difficile. Les adoptants qui n'en peuvent plus ont encore la ressource de faire eux-mêmes une psychothérapie. Non pas parce qu'ils seraient de mauvais parents, mentalement perturbés, ce que certains, à commencer par leurs enfants, ne manqueront pas d'insinuer, mais parce qu'ils seront soulagés de pouvoir exposer leurs difficultés, qu'ils pourront envisager la situation de l'extérieur et peut-être trouver des solutions. Si une personne de la famille retrouve un peu de sérénité, cela déteint en quelque sorte sur les autres, et c'est tout le réseau d'interactions entre membres de la famille qui devient moins conflictuel.

4 Pour conclure

La mondialisation est à l'origine de bien des complications économiques et sociales, mais elle a eu un impact favorable sur l'adoption internationale. La coopération internationale est meilleure, ce qui limite les trafics, rend plus faciles les échanges de documents et l'organisation des voyages. Les candidats à l'adoption ont une vue plus réaliste des pays étrangers. L'adoption internationale et/ou interraciale est entrée dans les mœurs. Les adoptés ne font plus figure de Martiens ; ils suscitent moins de curiosité, attirent moins de remarques intempestives. Les familles adoptives ne sont plus harcelées par des commentaires non sollicités. Comme les mouvements migratoires sont plus importants, la quasi-totalité des adoptés peuvent souvent se confondre avec le groupe des immigrés venus du même pays qu'eux, ce qui banalise leur situation.

L'adoption internationale risque d'être victime de son propre succès. Les pionniers ont fait des émules et beaucoup de familles sont maintenant demandeuses pour une adoption internationale. Les mentalités ont évolué dans les pays d'origine, qui se mettent à développer l'adoption nationale. Même les pays musulmans cherchent des aménagements de la *kafala*. Les candidats à l'adoption risquent d'être confrontés à une pénurie d'enfants. On ne pourrait cependant que se réjouir, dans l'intérêt des enfants, du fait qu'il y ait de moins en moins de naissances non désirées et que les rares orphelins soient adoptés dans leur propre pays. Cette vision des choses reste pour le moment très utopique. L'espèce humaine est très performante quand il s'agit de provoquer des guerres et des famines. Les catastrophes à venir pourraient bien être pourvoyeuses de nombreux enfants orphelins candidats à l'adoption internationale.

Il est cependant un domaine où la « disparition » de l'adoption internationale est en marche. C'est au sein des familles adoptives. En effet, quand l'adoption est une réussite, on cesse de parler du « petit Éthiopien que j'ai adopté », on dit « mon fils », et l'enfant ne dit pas « mes adoptants », il dit « papa et maman ». Les voisins disent « Jean Dupont », pas « l'Éthiopien du cinquième étage ». C'est dans la tête des protagonistes que la notion d'adoption internationale s'estompe au profit des liens familiaux. Et c'est très bien ainsi.

Bibliographie conseillée

MAURY F. (1999). *L'adoption interraciale*, Paris, l'Harmattan.

11 LA TRANSMISSION INTERGÉNÉRATIONNELLE DE L'ATTACHEMENT DANS LES FAMILLES ADOPTIVES[1]

1 Quelques précisions

Le thème de l'attachement semble aujourd'hui réactualisé, cela peut être la marque dans nos sociétés occidentales de cette angoisse latente mais perceptible de la perte du lien, lien entre les générations, lien entre les différentes classes sociales, lien de droit et de devoir entre les parents et les enfants. Il me paraît toutefois regrettable que cette question de l'attachement réactualisée soit souvent abordée sous le seul aspect des troubles de l'attachement et du dysfonctionnement.

Afin d'apporter dès à présent mon orientation, je tiens à préciser que je n'aborderai pas le thème de l'attachement dans l'adoption sous l'optique pathologique des troubles et des dysfonctionnements mais, au contraire, dans une visée du normal en concordance avec la théorie de l'attachement telle que Bowlby l'a établie et telle que les chercheurs à sa suite l'ont consolidée et développée relativement à l'adulte, et je pense en particulier aux travaux de Mary Main dans les années quatre-vingt et plus récemment de Blaise Pierrehumbert, Raphaëlle Miljkovitch ou les Guédeney.

1. Par Aubeline Vinay.

Me paraît en effet réductrice et nuisible l'association simpliste et linéaire qui semble poindre aujourd'hui entre adoption et troubles de l'attachement, figeant les enfants dans une image non dynamique d'incapacité et ôtant aux parents leurs responsabilités éducatives et de soutien en pareille situation.

L'attachement et sa transmission entre les générations dans les familles adoptives seront donc évoqués en termes de résultats de recherche et spécifiés selon plusieurs aspects particuliers tels que l'âge d'abandon, l'âge d'adoption, la durée entre ces deux âges et la valeur du corps dans les familles adoptives.

1.1 L'attachement : une brève définition

Issue des très riches travaux de Bowlby (1958), s'inspirant notamment des approches éthologiques (observations du comportement animal) sur l'empreinte chez les animaux, la théorie de l'attachement s'est consolidée et de conceptuelle, elle s'est complétée par sa valeur évaluative. Les différentes approches de la notion d'attachement ont contribué à la définir comme une relation d'interaction affective durable entre un enfant et au moins une personne spécifique apportant protection face au danger de l'environnement. À partir d'observations d'interactions entre le jeune enfant et sa mère, des comportements spécifiques émis par l'enfant ont été repérés au départ de la mère et à son retour.

L'attachement a été hypothétiquement posé comme ayant une universalité biologique (Grossmann et Grossmann, 1990 ; IJzendoorn van, 1990). Il correspond à un « besoin primaire qui s'exprime sous la forme de comportements qui induisent ou maintiennent le contact ou la proximité avec la mère » (Robin *et al.*, 1995, XI).

1.2 Question de la transmission intergénérationnelle : définition

Le terme « intergénérationnel » est constitué à partir du latin *inter* « entre », exprimant l'espacement, la répartition ou une relation réciproque, et du mot « génération », qui possède lui-même plusieurs sens :

- l'idée de générations familiales liées par filiation ;
- la référence à l'histoire, l'ensemble des personnes ayant vécu les mêmes faits marquants ;
- la notion de cohorte des naissances d'une même année.

L'utilisation qui est faite du terme intègre ces trois notions : le sentiment d'appartenance à une génération conditionne, à la fois, notre intégration dans un temps collectif et notre appropriation de ce temps. Il est fondamental de se situer parmi nos pairs et avec eux dans le temps social et historique. Nous appartenons donc à une lignée familiale et à une époque donnée. Depuis quelques années, grâce notamment aux écrits d'Anne Ancelin Schützenberger (2007), des recherches en psychogénéalogie portent sur la notion du « transgénérationnel ». Il s'agit alors d'un terme générique qui regroupe les diverses techniques, méthodes et thérapies qui s'intéressent à la famille dans sa globalité, et dans ce qu'elle implique d'interactions, d'intrications entre ses membres et qui, par là même, composent son histoire. Les notions de mythe familial, de transmissions inconscientes sont alors davantage évoquées.

Notamment en raison des difficultés pour mesurer et évaluer l'aspect transgénérationnel, nous avons choisi de mener une recherche sur la transmission intergénérationnelle de l'attachement dans les familles adoptives, reportant ainsi probablement le transgénérationnel à plus longue échéance. La transmission à travers les générations est souvent évoquée. On parlera de transmission de patrimoine, de transmission morphologique, de transmission génétique. Nous nous intéressons à la transmission des valeurs, des principes éducatifs, de l'établissement de la relation à autrui. Transmettre l'attachement, c'est créer la filiation, nous dit Anne Muxel en 1996.

Pour l'attachement, nous ne concevons pas la transmission comme une reproduction, strictement à l'identique, de comportements entre les générations. Il s'agit davantage de styles, de façons d'appréhender la rencontre avec l'environnement, d'effectuer des transactions. Nous parlons alors d'un mode habituel de fonctionnement personnel qui est fortement influencé par les modèles familiaux présents, à savoir les parents.

1.3 Spécificité des familles adoptives

Dans les familles adoptives, ce qui pose question, c'est le fait que dans l'établissement de la filiation, une période plus ou moins longue ne soit pas commune entre les parents et l'enfant. Cela suppose alors que l'aspect psychologique en soit accentué, il s'agit d'une adoption de la descendance sans engendrement biologique, la parenté et la parentalité se métamorphosent donc. L'établissement biologique du lien de filiation suppose toujours la preuve du fait de la procréation, c'est-à-dire que telle personne donnée a été conçue et est issue des rapports sexuels entre un homme et une femme déterminés. Mais dans la filiation adoptive, la réalité biologique est ailleurs, elle se situe dans les origines de l'enfant qui ne sont pas communes avec ses parents adoptifs. Nous pourrions pourtant parler d'un lien biologique dans l'adoption. Celui-ci serait alors représenté par l'union entre un corps, déjà né d'un autre corps, et l'acte délibéré des parents de désirer cet enfant physiquement différent d'eux. Le désir de l'enfant devient alors l'axe biologique de la filiation adoptive.

C'est en ce sens que la filiation adoptive vient questionner la notion de famille. Qu'est-ce qui fait la famille ? Et finalement, dans l'adoption, le symbolique crée quelque chose qui n'existe pas. En fait, le biologique ne fait pas lien, il faut qu'il y ait parole pour faire un sujet qui naît. La filiation adoptive regroupe donc des éléments contingents qui en s'associant donnent du sens. Jacqueline Dhéret (2006) nous enseigne que nous n'avons que le langage pour faire notre destin, mais que nous changeons notre rapport aux mots lorsqu'ils nous font souffrir. L'adoption fait symptôme, elle nous enseigne sur la famille dans le sens où tout enfant qui tombe dans le monde doit être adopté, il faut qu'il y ait un autre pour qu'il y ait une requête, une demande adressée à l'autre, qui n'est autre qu'une demande de présence.

Finalement, malgré ce temps non commun, l'attachement se transmet-il entre les générations en situation d'adoption ? Existet-il une durée maximale au-delà de laquelle la transmission intergénérationnelle ne serait plus faisable ou la situation adoptive contribue-t-elle à dépasser la temporalité, à la transcender pour favoriser l'attachement familial, la filiation quelle que soit la trajectoire de vie ?

L'histoire de l'enfant adopté est marquée par des périodes cruciales pour son développement ultérieur : les conditions de sa naissance et les conditions de son abandon, la durée entre l'abandon et l'adoption, la construction de soi en référence aux différentes rencontres durant cette période et, enfin, l'adoption à proprement parler par la mise en relation avec la nouvelle famille (Vinay, 2003, 2004*a*). Malgré la force des situations, malgré l'emprise aliénante qu'elle peut représenter, l'adoption est, dans la majorité des cas, un facteur d'amélioration, de mieux-être psychologique, et reste une des meilleures conditions au développement harmonieux de l'enfant privé de famille (Tap et Vinay, 2000).

Les enfants adoptés ont à affronter des problèmes qui leur sont propres. Leur adaptation s'en trouve moins aisée et peut se traduire chez quelques-uns par des troubles du comportement au plan relationnel ou scolaire. Mais le milieu adoptif peut tout à fait compenser les carences subies durant la prime enfance (Duyme, 2000). Il ressort que les enfants ayant souffert de séparations plus ou moins prolongées au cours des premières années de leur vie seront par la suite plus sensibles que les autres aux ruptures et aux deuils, qui seront l'occasion d'épisodes dépressifs (Steck, 1987 ; Ledoux et Ledoux, 1988). En fait, le processus de filiation offert par l'adoption consiste à fournir à l'enfant un étayage affectif et relationnel qui, avant d'être réellement le fondement de l'attachement, consiste au moins en l'apport d'un soutien social. Le sentiment d'être aimé, respecté et estimé par sa famille, ses amis et les autres prévient le risque de troubles psychiques et c'est bien là l'objectif primordial de l'adoption.

2 L'attachement chez les adolescents adoptés

À partir de plusieurs recherches effectuées auprès de familles adoptives, nous avons pu réaliser une série de mesures à propos de l'attachement. Chez les adolescents adoptés, sur une cohorte de 105 jeunes âgés de 13 à 19 ans, nous obtenons les résultats suivants :

Tableau 11.1
L'attachement chez les adolescents adoptés.

	Population générale	**Adolescent adopté (N = 105)**
Stratégie sécurisée d'attachement	58 à 66 %	52,4 %
Stratégie secondaire insécurisée de détachement	21 à 29 %	22,8 %
Stratégie secondaire insécurisée de préoccupation	11 à 18 %	20 %
Stratégie insécurisée de désorganisation d'attachement	1 à 2 %	4,8 %

Nous le constatons, les pourcentages ne sont pas éloignés entre les adolescents adoptés et la population générale. En entrant davantage dans le détail, nous observons un pic de préoccupation d'attachement à 13 ans. Cela nous renvoie à l'hypothèse relative à la période de développement dans laquelle le jeune se situe. Les préoccupations relationnelles font alors partie des éléments abordés dans les entretiens. Cet âge semble symboliser la période d'incertitudes sur soi et les questionnements identitaires pouvant générer de l'angoisse relationnelle. Ce pic de préoccupation a été observé dans d'autres études portant sur des adolescents non adoptés. On peut entendre les propos suivants : « Heureusement j'ai des copains et ils m'embêtent pas avec l'adoption. Parfois, en situation d'échec, je suis très vulnérable face à ce sentiment, je suis fragile quand on me dit que je ne fais pas comme il faut. »

Lorsque en revanche, la préoccupation est la stratégie privilégiée au-delà de 13 ans, l'échange avec l'adolescent indique souvent de fortes interrogations quant au passé, à l'enfance, à la période avant l'adoption ou encore au devenir de la famille biologique. Ce sont le plus souvent des adolescents, mais pas obligatoirement, qui ont été adoptés tardivement ou qui conservent des souvenirs conscients de leur vie d'avant l'adoption. Cela se traduit par des propos tels que ceux de Laure, 16 ans : « Mais j'ai des questions. Pourquoi un orphelinat ? Quelles sont les causes ? Beaucoup de questionnements sur tout, sur les gens, sur la vie. Je suis très réservée et j'ai passé des périodes difficiles, selon la saison. Des moments noirs, difficiles à passer. »

La désorganisation d'attachement est plus présente chez les adolescents adoptés que dans la population générale. Pour ceux qui privilégient ce système d'attachement, la trajectoire adoptive comporte très souvent un éprouvé traumatique important.

Illustration

Paul, âgé de 13 ans, présente un attachement désorganisé, il évoque aisément ses souvenirs quant à la période en foyer d'accueil avec « les fêtes, mes copains, mes frères et sœurs, une animatrice de l'orphelinat qui m'a apporté du bonheur et qui était comme une famille » et ne parvient pas à parler de sa vie actuelle et de sa relation avec ses parents. L'événement majeur de sa vie, c'est son adoption et il déclare volontiers vouloir retourner sur son lieu de naissance pour savoir le début de sa vie. Les parents confirment son besoin de comprendre son histoire qui semble l'empêcher d'être complètement serein au quotidien. Sa maman décrit son fils comme étant doué d'une grande capacité à prendre soin des autres, sensible à la souffrance humaine et en même temps régulièrement en proie à des crises de colère, de rage dans lesquelles il peut casser les objets ou préférer sortir de la maison. « Il fugue un peu et revient tout malheureux, c'est dur avec Paul parce qu'on ne sait jamais comment être avec lui », dit la maman.

Mais il convient de rester prudent, certains adolescents ont subi de la maltraitance durant l'enfance et sont attachés de façon sécurisée dans leur famille adoptive.

Nous constatons de fortes ressemblances dans les comportements d'attachement des parents et ceux des adolescents. Nous pouvons noter au passage davantage de préoccupation d'attachement chez les mères que chez les pères. La répartition d'attachement chez les parents correspond à celle de la population générale.

Illustration

Ainsi Justine est une jeune femme âgée de 21 ans, adoptée à l'âge de 9 ans, qui a grandi avec sa famille biologique jusqu'au décès de son père. Cet événement tragique a provoqué la misère dans la famille et l'impossibilité pour la maman de s'occuper et de nourrir ses trois enfants. Justine, alors âgée de 8 ans, étant la plus jeune de la fratrie, a été confiée en vue d'adoption. Elle a été préparée, elle savait ce qui était en train de se passer. Elle a été placée dans une famille d'accueil. C'est dans cet environnement qu'elle a été maltraitée, abusée, forcée au travail pendant un peu moins d'une année. Puis une attribution a été effectuée et Justine a été adoptée dans sa famille. L'attachement qu'elle privilégie est la sécurité relationnelle. Elle l'explique en déclarant : « Cette période-là, j'y pense pas. Je garde seulement en mémoire la famille avec laquelle j'ai vécu toute petite. C'est la seule attache. »

3 Quelle transmission intergénérationnelle de l'attachement dans les familles adoptives ?

À la question de la mesure de la transmission intergénérationnelle de l'attachement, la technique la plus répandue est celle qui consiste à évaluer la stratégie d'attachement privilégiée par le parent et par l'enfant et, dans certaines recherches tout à fait passionnantes, chez le grand-parent, le plus souvent dans des lignées maternelles. Encore faut-il que l'enfant ne soit pas trop jeune pour pouvoir répondre au même questionnaire que les adultes.

3.1 Quelques résultats de recherche

À partir de l'étude de 105 triades (père-mère-enfant), nous observons 40 familles dans lesquelles l'ensemble des membres privilégie un attachement sécurisé. La sécurité d'attachement est alors traduite diversement par les enfants adoptés avec, par exemple, ces propos : « Nous, à la maison on est bien ensemble. Mes parents, ils savent donner de l'amour à leurs enfants. Plus tard je voudrais avoir une famille identique, réunie, avec des repas de famille. »

☞

Dans onze familles, c'est la mère et l'enfant qui utilisent un attachement sécurisé et dans onze autres familles, c'est le père et l'enfant qui privilégient la sécurité relationnelle. L'autre membre de la famille non sécurisé privilégie soit la préoccupation d'attachement soit le détachement. Dans quatre familles le père, la mère et l'enfant ont un système relationnel fondé, pour tous, sur le détachement. Pour les 39 familles restantes, on observe : 14 familles dans lesquelles l'enfant a un système d'attachement sécurisé tandis que les deux parents privilégient la préoccupation ; dans 12 familles les parents utilisent l'attachement sécurisé et leur enfant développe un attachement préoccupé. Enfin, dans 13 familles, le père, la mère et l'enfant élaborent leurs relations sur l'activation d'un système d'attachement différent pour chacun.

Nous pouvons remarquer que, de façon majoritaire, lorsqu'un des deux parents privilégie un attachement sécurisé, alors l'enfant va opter pour cette stratégie plutôt que pour une stratégie secondaire insécurisée. Dans la transmission de l'attachement, les mères semblent être davantage en concordance avec leur enfant que les pères, qui pour leur part jouent un rôle dans la transmission de la gestion du stress. « J'suis comme ma mère, quand quelqu'un me fait du mal, je pleure d'abord et après j'explose. »

Le père est donc bien cet Autrui qui aide à la socialisation de son enfant, lui permettant de faire face au monde extérieur, de résoudre les problèmes rencontrés. « Plus tard, je souhaite ressembler à mon père sur sa capacité à trouver une solution à un problème posé. » Le père, c'est celui qui transmet la façon d'être en présence des autres, c'est celui qui oriente l'enfant vers la recherche de solutions adaptées. « Tu vois, ma mère, c'est tout pour moi, mais sans mon père je serais complètement perdu. »

3.2 La qualité relationnelle au moment de l'adolescence influence la transmission familiale

Nous observons que lorsque le conflit familial, souvent dû à une problématique adolescente et non relatif à l'adoption, règne dans la famille, alors l'adolescent met en place des stratégies d'attachement insécurisées. Le parent n'est plus évoqué en termes de référence relationnelle, généralement, le détachement est privilégié.

> Ainsi Nathan âgé de 17 ans déclare ne pas vouloir ressembler à son père plus tard. « Je souhaite même m'en éloigner le plus possible pour ne plus le voir, ne plus avoir affaire à lui. Je le déteste et il le sait. » La maman de Nathan explique alors que le père et le fils sont fâchés actuellement, que des grosses colères ont eu lieu de part et d'autre et que tout est parti de l'orientation professionnelle désirée par le fils et refusée catégoriquement par le père. Nathan présente au moment de la passation, un détachement relationnel marqué.

3.3 L'influence de l'âge d'adoption sur l'attachement

Aucune différence significative d'un point de vue statistique n'est présente concernant l'impact de l'âge d'adoption sur l'attachement (Vinay, 2004*b*). Autrement dit, quel que soit l'âge de l'enfant au moment de son adoption, la transmission des comportements d'attachement s'effectue de façon identique. Nous notons davantage de préoccupation chez les enfants qui ont été adoptés tardivement mais qui ont été en situation de rupture avec leur famille d'origine précocement. Ces enfants sont ceux qui ont connu la plus longue durée entre l'abandon et l'adoption, le plus souvent de plus d'une année et demie qui semble être une durée seuil.

Cette remarque sur la préoccupation ne semble pas concerner les enfants adoptés tardivement au-delà de l'âge de 5 ans et qui ont été en situation de rupture familiale peu de temps avant leur adoption. C'est-à-dire qu'ils n'ont pas connu une longue période transitoire sans parents officiels. Cela apparaît déterminant dans leurs capacités adaptatives de réception et d'élaboration de l'attachement en référence aux valeurs de leurs nouveaux parents.

3.4 L'influence de la durée entre l'abandon et l'adoption sur la transmission de l'attachement

Il apparaît que plus la durée est longue entre l'abandon et l'adoption, plus les réponses dans les triades sont hétérogènes. En termes de ressemblance-différence, nous pouvons dire que plus le temps sans parents définitifs a été long, plus il y a de diversité au niveau des comportements d'attachement entre les adolescents et leurs parents adoptifs.

En observant la distance relative aux couples mère-adolescent et père-adolescent, nous faisons le même constat : une durée longue de plus d'une année et demie entre l'abandon et l'adoption réduit l'homogénéité des réponses d'attachement. Cette hétérogénéité se traduit le plus souvent au moment de l'adolescence par un esprit critique à l'égard des parents et de l'éducation. Cela sera témoigné par exemple par des remarques telles que « il n'y a pas de points sur lesquels je souhaite ressembler à mes parents, en revanche, je souhaite être différente de leur façon de vivre et de la conception de l'éducation trop autoritaire de mon père », « j'aimerais donner à mes enfants le même amour que mes parents m'ont donné, mais être moins protectrice que maman ».

Alors que les âges d'abandon et d'adoption semblent influencer le processus de transmission des comportements d'attachement notamment par l'intermédiaire de la mère, il apparaît que la durée entre l'abandon et l'adoption, qui est propre à l'expérience de vie de l'enfant adopté, joue un rôle dans la réception de cette transmission. Lorsque les adolescents ont connu une courte durée entre l'abandon et l'adoption – moins d'une année –, alors les comportements d'attachement sont prédits par l'attachement des deux parents. Des parents insécurisés ne peuvent favoriser des comportements sécurisés chez leur enfant.

3.5 La différenciation père/mère

La préoccupation relationnelle des mamans apparaît influencer la sécurité d'attachement de l'enfant. Tout comme dans les familles traditionnelles, lorsqu'une mère est préoccupée, son enfant présente davantage de risques d'établir un modèle interne opérant de type ambivalent. Par exemple, cette jeune, âgée de 18 ans, témoigne des difficultés relationnelles avec sa maman qui présente un fort niveau de préoccupation d'attachement : « C'est des sujets pas possibles avec les parents, l'abandon, les origines tout ça, même l'adoption..., surtout avec maman, elle dramatise tout, ça finit toujours en pleurs. C'est plus facile d'en parler avec des personnes étrangères finalement ou sinon j'en parle beaucoup avec ma marraine. »

Les deux parents ont un rôle différencié dans la transmission. En effet, la mère transmet la sécurité ou l'insécurité de l'attachement, tandis que le père intervient davantage dans la réception des événements extérieurs tels que le stress.

4 Le corps dans la transmission intergénérationnelle de l'attachement

L'adolescent adopté éprouve un besoin essentiel de reconnaissance, de repérage, d'ancrage dans une histoire un peu particulière. Les questions relatives à son identité vont lui permettre de trouver des éléments de réponse quant au sens de sa vie. Pour cela, divers comportements peuvent être évoqués. En effet, certains tenteront de banaliser au maximum leur situation, d'autres, éprouvés par la stigmatisation, s'inscriront dans des conduites de marginalisation, allant jusqu'à la déviance. Quelques jeunes adoptés auront besoin de passer par tous ces processus avant de comprendre qui ils sont vraiment, de se reconnaître et d'être reconnus dans la réalité de leur trajectoire (Vinay, 1996). À partir de 21 études de cas d'adolescents et d'anciens adoptés, nous pouvons identifier quelques comportements familiaux spécifiques (Vinay, 2010).

4.1 La ressemblance est valorisée

La plupart des adolescents adoptés tentent de banaliser la situation d'adoption. Ils peuvent ainsi avoir un objectif de conformisation effaçant toute différence, oubliant presque leur propre singularité (Shérif, 1947 ; Asch, 1951 ; Milgram, 1956 ; Hollander, 1960). D'autres vont exprimer leur anonymat, en se déresponsabilisant de la situation dans laquelle ils se trouvent (Ziller, 1964). Enfin, par l'assimilation, qui est une recherche active de similitudes, les adoptés vont non seulement faire admettre leur appartenance, mais également faire en sorte qu'elle ne puisse plus être remise en cause (Kastersztein, 1990).

Dans quelques situations rares, les parents nient l'origine biologique différente de leur enfant. L'adoption est l'objet d'un secret. « Comment avez-vous eu nos coordonnées, notre fille n'est pas au courant, de toute façon, elle nous ressemble comme deux gouttes d'eau. » Il arrive aussi, mais rarement, que « l'adolescent adopté refuse consciemment de reconnaître une différence physique entre lui et ses parents. Le plus souvent il connaît son histoire adoptive mais utilise la ressemblance physique et nie son existence biologique » (Vinay, 2010, 57). On pourra observer plus fréquemment ce fonctionnement chez des enfants de type européen. Ce ne sont pas les parents qui font alors obstacle à la parole, mais bien l'adolescent qui refuse toute thématique faisant référence à ses origines biologiques. « Hein, papa, maman, j'suis bien né à Toulouse, parce qu'on est vraiment pareils tous les trois ?! » (adolescent, âgé de 14 ans, arrivé à l'âge de 5 ans de Pologne) (*id. ibid*).

Dans de nombreuses familles adoptives, parents et adolescents mettent en valeur leurs ressemblances physiques. Le rappel à la ressemblance physique familiale est souvent effectué collectivement sur un ton humoristique. On assiste alors parfois à des échanges entre parents et enfant ou entre enfants d'une même fratrie, qui relèvent à la fois de la différence réelle mais font également appel à l'humour telle une ressource pour aborder en famille la différence biologique. Ainsi, un adolescent âgé de 13 ans adopté en France, benjamin d'une fratrie de trois enfants, l'aîné originaire d'Amérique latine, 17 ans, et la cadette originaire d'Afrique subsaharienne, 15 ans, déclare avec résignation : « Oh de toute façon, je porterai bien un appareil dentaire, puisque dans la famille tout le monde en a eu un pour ses 14 ans, *mes parents aussi* ! »

4.2 *Une différence difficile à vivre*

La période de l'adolescence avec ses remaniements relationnels, identitaires et psychiques vient questionner le sentiment d'intégration sociale. Ce sont les pairs qui sont les premiers généralement à faire retour de la différence visible d'avec les parents (« Qu'est-ce qu'ils sont vieux tes parents » ou « C'est pas tes parents, ils sont pas blacks »). Alors que certains jeunes sont dans une démarche de banalisation de leur différence, les propos de l'entourage vont parfois mettre à mal le système mis en place. « En fait, ce qui me gêne dans le thème de l'adoption, c'est les questions que posent les gens. Ça a commencé au collège, alors au lycée j'ai décidé de sortir qu'avec des Blacks ou des Arabes. Mais les autres sont toujours à critiquer et parfois on se met à part pour pas être embêté » (jeune, 18 ans). C'est alors le déni de la trajectoire et le refoulement des questions essentielles qui peuvent ressurgir. « J'ai commencé à faire des rêves. Ces images me hantaient à tout moment de la journée, je me réveillais la nuit... au bout d'un moment j'ai réalisé que ce devaient être des souvenirs de Corée qui ressurgissaient, plus que de simples rêves, ces images devaient avoir une réalité » (Borshay Liem, 2000).

Certains adolescents adoptés favorisent un processus de stigmatisation ou de *labelling* (Lemert, 1951). Celui-ci consiste en un étiquetage social d'individus considérés comme non conformes ou différents, il possède une connotation négative. Le simple fait de catégoriser le jeune comme appartenant au groupe des adoptés va altérer l'estime qu'il a de lui-même (Vinay, 1996). Cette étiquette sociale peut être le facteur déclenchant de comportements de marginalisation par différenciation, visibilité sociale ou singularisation (Kastersztein, 1990). Dans la plupart des cas, la déviance témoigne de difficultés d'identification dans l'enfance (Chartier, 1991). « Je m'identifie plus comme étant un immigré, un bronzé, plutôt qu'un français. Mes copains c'est que des "rebeux", comme ça, on est pareil et on me pose pas de question sur ma famille » (adolescent, 17 ans).

Le complexe de la banane nommé par Hervé Peyre en 2003, rappelé dans le chapitre de Festus Body Lawson, intervient à ce niveau. La différence physique et le sentiment de vécu personnel de soi sont contradictoires, amenant au doute identitaire. Les origines et le sentiment de filiation vont alors être questionnés, l'interrogation essentielle étant « qui suis-je au fond, l'enfant de ces parents si différents physiquement ou celui de parents ressemblants mais étrangers ? ». Dans ce vécu de la différence renvoyée par l'entourage mais aussi par l'image du miroir, il est possible de ne plus savoir qui l'on est ou de ne plus discerner ce qui relève réellement de soi. L'inconnue idéalisée et fantasmée vient occuper le devant de la scène. Certains préféreront casser le miroir pour ne plus avoir à supporter cette image d'eux-mêmes si dissonante avec leurs représentations. La prise de distance peut alors faire partie du processus identitaire, pour mieux se retrouver et savoir finalement qui l'on est.

4.3 L'attachement au regard de l'épigénétisme ou du mimétisme familial

Tout comme dans les familles traditionnelles dans lesquelles les membres non seulement se ressemblent physiquement, mais aussi développent une même gestuelle, des mêmes habitudes relationnelles et comportementales, nous observons que ce fonctionnement est identique dans les familles adoptives et ceci quel que soit l'âge de l'enfant au moment de son adoption. Ainsi, que l'enfant soit entré dans sa famille par adoption alors qu'il n'était encore qu'un nourrisson ou qu'il ait été plus grand, la ressemblance visible, corporelle est remarquable. C'est cet épigénétisme, dont nous parlait Jean-Vital de Monléon en avant-propos, où l'hypothèse d'une mutation génétique est posée et repérable dans les familles adoptives.

L'étude que nous avons menée auprès de quinze familles adoptives (Vinay, 2010) va d'ailleurs plus loin en proposant une articulation entre mimétisme familial et attachement dans la famille. Il ressort en effet que plus le mimétisme est important entre l'adolescent et au moins un de ses deux parents, plus les membres de la famille privilégient un système relationnel sécurisé. Le processus d'attachement est à comprendre comme le résultat des identifications de l'enfance et l'aboutissement du processus de filiation. Se sentir l'enfant de ses parents, c'est accepter de leur ressembler tant moralement que physiquement. Et cette acceptation de la mêmeté passe nécessairement par la nature du lien et de la relation qui unit les membres du groupe familial.

À l'inverse, nous observons que lorsque ce mimétisme familial est peu remarquable et également peu mis en avant par le jeune, alors l'attachement privilégié par l'adolescent est plutôt de type préoccupé. Le lien à l'autre, la filiation sont souvent des thèmes qui font question, qui ne sont pas encore résolus et viennent occuper l'avant de la scène narcissique. On verra alors des jeunes qui tenteront de se démarquer physiquement de leurs parents par des tenues opposées au style vestimentaire de la famille. On peut ainsi s'interroger sur la notion de crise identitaire. N'est-ce pas finalement le lot de beaucoup d'adolescents que d'interpeller leurs parents pour éprouver la sincérité et l'authenticité de leur existence et, par conséquent, venir vérifier le désir dans lequel ils sont inscrits ?

Enfin, nous repérons dans l'absence de mimétisme familial une tendance au détachement relationnel par l'adolescent adopté ou une désorganisation d'attachement. Dans ces situations, qui ne constituent pas la majorité des situations d'adoption, contrairement à ce qui est véhiculé notamment par la voie médiatique, il est important de considérer la trajectoire événementielle de l'enfant adopté. En effet, les carences affectives précoces permettent souvent un éclairage de ces situations douloureuses où l'attachement est insécurisé, le sentiment de filiation est confus et l'épigénétisme familial inexistant. Le détachement se traduira le plus souvent par le souhait délibéré de ne pas ressembler aux parents, tandis que la désorganisation du lien se traduira plutôt par l'envie de leur ressembler, tandis que dans la réalité la concrétisation de ce souhait reste impossible et inobservable.

Le processus d'attachement est complexe et multifactoriel. Nous avons évoqué un mimétisme de la part de l'enfant adopté envers ses parents, toutefois, nous pensons que les parents aussi connaissent des modifications épigénétiques allant dans le sens d'une mutualisation des personnalités de chacun, forçant les ressemblances et favorisant ainsi la transmission intergénérationnelle.

5 En conclusion

Cette réflexion autour de l'attachement et de la transmission intergénérationnelle dans les familles adoptives nous permet d'observer finalement que le fonctionnement familial n'est pas si différent des familles traditionnelles avec quelques passages obligés tels que l'adolescence. Cette période consiste en une étape critique du développement qui suscite des tensions, des conflits, de toute façon un réaménagement des relations familiales.

Par le thème de la transmission intergénérationnelle, nous pouvons apporter une clarification quant à la notion même de transmission. Celle-ci résulte d'interactions multiples, de transactions évaluant les gains et les coûts pour soi, de choix, de décisions. La transmission n'est pas linéaire. Certes les parents développent des modèles relationnels et adaptatifs, mais ceux-ci sont influencés par la réception qu'en fait l'adolescent. « Mon père, il est presque parfait, mais il est trop généreux et il pardonne tout, j'essaie de le corriger sur ce point. »

La transmission intergénérationnelle est un processus évolutif qui varie en fonction des événements de vie rencontrés par chaque membre de la famille ainsi que de l'évolution de la famille, de ses conditions de vie, de ses réalisations et de ses attentes futures. Finalement, en partant de la position selon laquelle les fonctions de la famille adoptive sont identiques aux fonctions de la famille ordinaire, en prenant en considération que nous sommes tous le résultat de multiples adoptions par nos parents, nos frères et sœurs, notre société, nous comprenons en quoi la famille adoptive se révèle être tout autant ordinaire et vraie que d'autres familles. Jean-Philippe Pierron (2003) écrit au sujet de la famille que « l'humain s'y déclinant dans le registre de l'autre, chacun prend sa place dans la famille sans jamais être sûr d'y être vraiment à sa place parce qu'il n'est pas sûr qu'il en ait « une » » (Pierron, 2003, p. 25), et ce, que l'on soit enfant adopté ou non.

Si une vraie famille est un système où il y a des moments de grands bonheurs, de crises, de séparations, de doutes, de joies, d'incertitudes, d'émotions fortes, de combat, d'espérance, de légèreté, de questionnements existentiels, de tristesse et de gaieté, alors la famille adoptive est bien vraie et ordinaire. Une mère biologique et adoptive déclare à ce propos : « C'est lorsque les enseignants de mon fils (adopté) m'interpellaient pour me dire qu'il avait fait une bêtise à l'école et que j'avais la même boule dans le ventre, le même pincement au cœur que pour ma fille (biologique), que je savais que c'était bien mon enfant, qu'il était bien à moi. »

La famille, c'est celle qui instaure le lien, le lien entre les générations, le lien entre le personnel et le social, le lien entre l'identité et la société. Le lien positif de filiation est donc la seule condition indispensable au développement psychique de l'individu. Toutefois, les familles adoptives présentent aussi des spécificités qui en font le fonctionnement, la richesse et la problématique.

Laissons le mot de la fin à Léna, 20 ans, adoptée à 8 ans :

« J'étais préparée à mon adoption. Je savais où j'allais, j'avais rencontré mes parents trois mois avant. Mes copines m'ont aidée ainsi que la directrice de l'orphelinat. L'adoption, pour moi, c'est un rêve qui se réalisait. Dans l'avion je me disais, c'est le plus beau jour de ma vie. Finalement, être adoptée, ça apporte d'avoir confiance en quelqu'un, apprendre à être aimée. »

Bibliographie conseillée

ANCELIN SCHÜTZENBERGER A. (2007). *Psychogénéalogie. Guérir les blessures familiales et se retrouver soi*, Paris, Payot.

BORSHAY LIEM D. (2000). « Paroles d'adoptée », *Thema* d'Arte « Famille séparée, famille retrouvée ».

BOWLBY J. (1958). « The nature of the child's tie to his mother », dans *International Journal of Psychoanalysis*, *39*, 350-373.

DUYME M. (2000). « Adoption, QI, milieu social : questions autour d'une recherche », dans *Le Journal des psychologues*, n° 179, 14-20.

PIERRON J.-PH. (2003). *On ne choisit pas ses parents. Comment penser l'adoption et la filiation ?*, Paris, Le Seuil.

TAP P. et VINAY A. (2000). « Dynamique des relations familiales et développement personnel à l'adolescence », dans POURTOIS ? et DESMET ? (éds.), *Le Parent éducateur*, Paris, PUF, p. 87-157.

VINAY A. (2001). « Entre stratégie d'attachement et stratégie de coping : une identité en construction chez les adolescents adoptés », thèse de doctorat, Toulouse le Mirail.

VINAY A. (2010). « Place et rôle du corps dans les familles adoptives », dans CUYNET P. et MARIAGE A. (éds.), *Corps en famille. Du corps individuel au corps familial*, Paris, in Press, p. 53-63.

CONCLUSION L'ADOPTION ACTUELLEMENT ET EN DEVENIR[1]

Cet ouvrage rassemble une variété considérable de synthèses de recherche, de témoignages divers et de réflexions sur différentes conditions de l'adoption. Il vient à point nommé pour mettre à plat les questions posées par les adoptés eux-mêmes, leurs parents et toute personne s'intéressant de près ou de loin à l'adoption.

Ce qui est remarquable dans cette série de textes proposés, c'est la dimension pluridisciplinaire et transversale ; comme si ce qui a trait à l'adoption réunissait de fait la condition d'admettre la diversité, la différence, l'altérité… Plus concrètement, ici, le médecin côtoie l'anthropologue (à moins qu'il ne le soit lui-même), le chercheur, le psychologue, le sociologue, les associations de parents et d'enfants adoptés et les autres… C'est un bienfait considérable (et espérons-le d'abord pour les personnes directement concernées par la question) que l'idée de voir la personne dans son unicité et sa globalité. Derrière cette idée généraliste, une seconde existe utile à répéter : les difficultés éprouvées de ces enfants ont, certes, *des causes* uniques ou multiples (à comprendre souvent en fonction d'un contexte ou d'une étape de vie spécifique) mais elles ont aussi *un sens* autant pour le sujet qui en est touché que pour son entourage. Et n'oublions jamais que le sens donné au vécu est aussi

1. Par Hervé Bénony.

important que la cause et qu'ils s'accompagnent l'un l'autre tout au long de cette histoire. Il semble bien que ce soit l'option majeure des auteurs de cet ouvrage (autour de la rencontre favorisée par ces Journées scientifiques), à savoir *une approche intégrative de la situation d'adoption.*

Puisque cet ouvrage débute par le texte de Julien Pierron qui commente le rôle du médecin anthropologue, il respecte le fait que d'abord *les soins du corps* à l'égard d'un enfant qui arrive dans sa nouvelle famille sont fondamentaux. Car au-delà du soin proprement dit, c'est la centration sur les sensations ressenties et perçues par l'enfant qui intéresse le médecin (l'enfant ne sait pas encore parler ou s'exprimer dans la langue, ou est trop jeune) telles que lui ou son entourage peuvent les décoder. L'intérêt de l'adulte pour le soin corporel favorise probablement, du côté de l'enfant, une réappropriation de son soi en souffrance dont le corps est le réceptacle. Cette réappropriation conscientisée des sensations de son corps rejoint l'idée de Winnicott pour qui le travail thérapeutique consiste à réinstaller une communication entre le corps et la psyché. Dans le cadre du processus de filiation adoptive, il s'agit d'inviter chaque enfant à vivre pleinement ce qu'Ombline Ozoux-Teffaine appelle *la phase d'illusion recréatrice*. Et, s'il est autant question d'attachement, c'est aussi parce que la question de l'amour se pose à tout moment, il s'agit de s'assurer de ses nouveaux parents et pour cela *l'enfant va développer une série de récits sur les blessures dont il a été victime afin de mobiliser les affects réparateurs des adoptants. Et parce qu'il leur adresse ces histoires, inutiles à vérifier, il accomplit un acte fondateur de l'inscription de filiation, signifiant par là même, à ceux qui l'entendent et reçoivent sa douleur, qu'ils sont bien ceux qui l'ont sauvé du pire, ceux qu'il désigne alors comme père et mère œdipiens.* Autrement dit, les « vrais » parents sont les parents œdipiens !

Dans son chapitre « La transmission intergénérationnelle de l'attachement dans les familles adoptives », Aubeline Vinay, tout en rappelant l'angoisse très actuelle de la perte du lien dans nos sociétés occidentales, présente le lien de filiation *comme lieu d'ancrage qui reste perpétuellement à consolider, à prouver, à réassurer dans le fondement même du peau à peau originel... C'est la réciprocité authentique de la relation parents-enfant qui permettra au processus de filiation d'aboutir.*

De son côté, Denise Fichcott en nous rapportant un témoignage de mère nous invite à penser la scolarité des enfants adoptés « qui arrivent un peu grands » en leur octroyant « un certain temps pour se poser, construire leurs relations au sein de la famille, dans leur groupe d'âge, à l'école et trouver leur place » et comprendre que « pendant ce temps-là, l'enfant est moins disponible pour apprendre à lire et à écrire ». En fait au-delà de la scolarité, cette proposition vaut en général dans la mesure où c'est l'aide à la construction de repères temporo-spatiaux fondamentalement nécessaires à l'édification de la personne que l'on doit favoriser. Car, en somme, la revue de travaux, très fournie, de Jacques Chomilier est plutôt rassurante au vu des privations, frustrations, manquements en tout genre que les enfants ont pu vivre et ce, même si nous devons rester réalistes. C'est ainsi que *l'identité segmentée et multiple* dont parle Festus Body Lawson dans « Les racines sont d'ailleurs mais les fruits sont d'ici », identité éprouvée par l'adolescent dans son effet paradoxal, conflictuel mais constructif de la mise en tension que nécessite tout *travail de l'adolescence* qui demande une construction narrative de sa propre histoire, à savoir la façon dont celui-ci se formule à lui-même son existence sous la forme d'un récit plus ou moins cohérent. Conjointement à cela, il y va aussi de l'acceptation de ne pas tout savoir sur ses origines, de la même façon que tout enfant n'était – de fait – pas présent lors de sa conception. Il y a toujours une part de non-savoir nécessaire à la construction de son propre roman, part qui laisse place à la créativité, à l'imaginaire et donc à la vie psychique. Pour cela, les parents doivent en quelque sorte laisser leur narcissisme au vestiaire et accepter que se déroule le roman familial de leur enfant – qu'il soit parlé et communiqué ou dans certains cas agi – et ce, sans nécessairement se sentir « rejetés » et au mieux en se disant qu'ils ne sont pas toujours concernés par ce mouvement dynamique et fondateur.

Chemin faisant, Françoise Maury montre pertinemment que la question du *rapport au pays d'origine est* – du point de vue psychique – *calquée sur le roman familial.* La réalité psychique est ainsi faite, et Ouriel Rosenblum – centrant une partie de sa communication sur le désir d'enfant – souligne que ce projet conscient est *souvent infiltré de significations inconscientes qui vont réapparaître chez ce familier-étranger : l'enfant.* Et dans un même mouvement, Blaise Pierrehumbert se fait historien et nous apprend que « le discours sur l'amour maternel est bien contingent et qu'il est lié à notre histoire culturelle, et certainement aussi à l'histoire psychologique particulière de chaque parent ». À travers son texte, ce dernier auteur exprime l'importance du regard de l'autre dans la constitution du lien parent-enfant mais aussi et surtout que ce lien n'implique pas un état de dépendance ; il nous invite à penser *l'amour non pas comme un obstacle à l'autonomie.* Il rejoint en cela ce qu'a pu dire Fairbairn à propos du développement de la relation d'objet ; qu'elle consistait à passer d'une relation de dépendance immature à celle d'une dépendance mature.

Finalement, les auteurs montrent cet entrelacement de fantasmes des uns et des autres à la rencontre de la constitution identitaire « être parent », « être enfant, adolescent puis adulte ». Ils montrent aussi que cette réalité psychique, dont on parle si fréquemment, est issue de la présence et de l'effet de l'autre sur notre psychisme. Cela est magnifiquement montré à travers cette belle histoire de rencontre entre Nazir Hamad et une petite fille qui, lui demandant un rendez-vous quelques années après sa psychothérapie, lui dit : « Je voudrais demander à mon père de me donner le poney avec lequel je jouais quand j'étais petite. » Cet auteur précise alors plus loin que *l'origine n'est qu'un mythe que chacun œuvre à construire.*

Enfin, Claire Gore nous invite à réfléchir, dans le cas de l'adoption nationale, à l'absence de débats et de réflexions sur – citant Créoff (2003) – *les réticences professionnelles et administratives à rompre officiellement un lien inexistant dans les faits pour permettre à l'enfant d'en reconstruire un avec des parents disponibles et désireux de l'être.* Nous n'avons pas le temps ici de relater le nombre de cas observés par les psychologues où sous prétexte de rendre l'enfant à sa famille (entendons famille biologique) des catastrophes au plan psychique et physique (situations de maltraitance) se sont déroulées, faute de reconnaître que la « vraie » filiation était symbolique.

Pour terminer, un grand merci à tous ceux qui ont bien voulu nous communiquer leurs expériences, leurs réflexions, et qui ont accepté de nous les faire partager afin de progresser dans une meilleure compréhension de la situation d'adoption.

BIBLIOGRAPHIE GÉNÉRALE

ABBAL T. (2004). « La triade fœtus-mère-bébé », dans M.-R. MORO, Q. DE LA NOË et Y. MOUCHENIK, *Manuel de psychiatrie transculturelle*, p. 159-177.

ANCELIN SCHÜTZENBERGER A. (2007). *Psychogénéalogie, guérir les blessures familiales et se retrouver soi*, Paris, Payot.

ANDRÉ J. et DREYFUS-ASSEO S. (2006). *La Folie maternelle ordinaire*, Paris, PUF, « Petite Bibliothèque de psychanalyse ».

ANZIEU D. (1979). *Crise, rupture et dépassement*, Paris, Dunod.

ANZIEU D. (1985). *Le Moi-peau*, Paris, Dunod.

ASCH S.E. (1951). « Influence interpersonnelle. Les effets de la pression du groupe sur la modification et la distorsion des jugements », dans G. FAUCHEUX et S. MOSCOVICI, *Psychologie sociale théorique et expérimentale*, Paris, Mouton (édition 1971), p. 235-245.

AULAGNIER P. (1975). *La Violence de l'interprétation*, Paris, PUF.

BARNI D., LÉON E., ROSNATI R. et PALACIO J. (2008). « Behavioral and socioemotional adjustment in international adoptees : A comparison between Italian and Spanish adoptive parent's reports », dans *Adoption Quaterly*, *11*, 235-254.

BARRERE Y. et BOTBOL M. (2002). « Adoption : quels enjeux à l'adolescence ? », dans *Perspect. Psychiatr.*, *41*(5), 373-379.

BECHILLON (DE) M. et CHOULOT J.J. (2001). *Le Guide de l'adoption*, Paris, Odile Jacob.

BECKETT C., BREDENKAP D., CASTLE J., GROOTHUES C., O'CONNOR T. et RUTTER M. (2002). « Behavior patterns associated with institutional deprivation : A study of children adopted from Romania », dans *Devel. Behav. Pediat.*, *23*, 297-303.

BECKETT C., MAUGHAN B., RUTTER M., CASTLE J., COLVERT E., GROOTHUES C., HAWKINS A., KREPPNER J., O'CONNOR T. et STEVENS S. *et al.* (2007). « Scholastic attainement following severe early institutional deprivation : A study of children adopted from Romania », dans *J. Abnorm. Child. Psychol.*, *35*, 1063-1073.

BECKETT C., MAUGHAN B., RUTTER M., COLVERT E., GROOTHUES C., KREPPNER J., STEVENS S., O'CONNOR T. et SONUGA-BARKE E. (2006). « Do the effects of early severe deprivation on cognition persist into early adolescence ? Findings from the English and Romanian adoptees study », dans *Child Development*, *77*, 696-711.

BIMMEL N., JUFFER F., VAN IJZENDOORN M. et BAKERMANS-KRANENBURG M. (2003). « Problem behavior of internationally adopted adolescents : A review and meta analysis », dans *Harv. Rev. Psychiatry*, *11*, 64-77.

BODY LAWSON F., DACQUI L. et SIBERTIN-BLANC D. (2008). « L'adoption à l'épreuve de l'adolescence », dans *Neuropsychiatrie de l'enfance et de l'adolescence*, *56*, 461-467.

BOLOGNINI M., PLANCHEREL B. et HALFON O. (2002). « Estime de soi : déterminants et relations avec les troubles psychiques à l'adolescence », dans *Psychiatrie de l'enfant et de l'adolescent*, *10*(15), 196-204.

BORSHAY LIEM D. (2000). « Paroles d'adoptée », *Thema* d'Arte « Famille séparée, famille retrouvée ».

BOUZNAH S., LEWERTOWSKI C. et MARGOT-DUCLOT A. (2007). « Une nouvelle alliance contre la maladie ou Quand les jinnas viennent visiter les médecins », dans *Douleurs*, *8(1)*, 8-16.

BOWLBY J. (1958). « The nature of the child's tie to this mother », dans *International Journal of Psychoanalysis*, *39*, 350-373.

BYDLOWSKI M. (1997). *La Dette de vie, Itinéraire psychanalytique de la maternité*, Paris, PUF, « Le Fil rouge ».

CANTOR-GRAAE E. et PEDERSEN C.B. (2007). « Risk for schizophrenia in intercountry adoptees : A Danish population-based cohort study », dans *J. Child. Psychol. Psychiatry*, *48(11)*, 1053-1060.

CATALDO F., ACCOMANDO S. et PORCARI V. (2006). « Internationally adopted children : A new challenge for pediatricians », dans *Minerva Pediatr.*, *58*, 55-62.

CATALDO F. et VIVIANO E. (2007). « Health problems of internationally adopted children », dans *Ital. J. Pediatr.*, *33*, 92-99.

CHABANE M. (1993). « Problème des origines, origines des problèmes ? ou la traversée de la clinique individuelle », dans F. GROUD-DAHMANE, *Enfants d'ici, enfants d'ailleurs*, Toulouse, Érès, p. 25-34.

CHARTIER J.-P. (1991). *Les Adolescents difficiles, Psychanalyse et éducation spécialisée*, Paris, Dunod (2e édition, 1997).

CHICOINE J.-F., GERMAIN P. et LEMIEUX J. (2003). *L'Enfant adopté dans le monde (en quinze chapitres et demi)*, Montréal, éditions de l'hôpital Sainte-Justine.

CHOMILIER J. et DUYME M. (2009). *Adoption : un lien pour la vie*, Marseille, éditions Solal, collection « Résilience ».

COLOMBANI J.-M. (2008). *Rapport sur l'adoption*, Paris, La Documentation française.

COLVERT E., RUTTER M., KREPPNER J., BECKETT C., CASTLE J., GROOTHES C., HAWKINS A., STEVENS S. et SONUGA-BARKE E. (2008). « Do theory of mind and executive function deficits underlie the adverse outcomes associated with profound early deprivation ? Findings from the English and Romanian adoptees study », dans *J. Abnorm. Child. Psychol.*, *36*, 1057-1068.

CRÉOFF M. (2003). *Guide de la protection de l'enfance maltraitée*, Paris, Dunod.

CROFT C., BECKETT C., RUTTER M., CASTLE J., COLVERT E., GROOTHUES C., HAWKINS A., KREPPNER J., STEVENS S. et SONUGA-BARKE E. (2007). « Early adolescent outcomes for institutionally deprived and non deprived adoptees. II : Language as a protective factor and a vulnerable outcome », dans *J. Child. Psychol. Psychiat.*, *48*, 31-44.

DAUBIGNY C. (2001). « Les spécificités des familles adoptives, vues par H. David Kirk », dans *Le Coq-héron*, *166*, 74-81.

DAVID H. (2006). « La mère suffisamment folle », dans J. ANDRÉ et S. DREYFUS-ASSEO, *La Folie maternelle ordinaire*, Paris, PUF, « Petite Bibliothèque de psychanalyse ».

DEKENS S. et ROMANA V. (2006). « Enfants adoptés en difficulté : pour une prise en charge psychologique spécifique », dans *Le Journal des professionnels de l'enfance*, mars/avril, 60-64.

DELAISI DE PARCEVAL G. (2004). *Le Roman familial d'Isadora D.*, Paris, Odile Jacob, 2e éd.

DEVEREUX G. (1975). *Ethnopsychanalyse complémentaire*, Paris, Flammarion (réédition, 1985).

DHÉRET J. (2006). « Les mots dans l'adoption », Journée de la formation continue, Lausanne.

DUBOC M. (1996). « Capacité et désir des enfants à être adoptés », dans *Dialogue*, *3*, 133.

DUFOUR J. (1991). *Adopte-moi quand même*, Paris, Fayard.

DUYME M. (2000). « Adoption, Q.I., milieu social : questions autour d'une recherche », dans *Le Journal des psychologues*, *179*, 14-20.

DUYME M. et CHOMILIER J. (2008). *Adoption : un lien pour la vie*, Nantes, CNRS.

DUYME M., DUMARET A.-C. et TOMKIEWICZ S. (1999). « How can we boost IQs of "dull children" ? : A late adoption study », dans *Proceedings Natl. Acad. Sci. USA*, *96*, 8790-8794.

EIGUER A. (1997). *Le Générationnel*, Paris, Dunod.

ELMUND A., LINDBLAD F., VINNERLJUNG B. et HJERN A. (2007). « Intercountry adoptees in out-of-home care : A national cohort study », dans *Acta Paediatr.*, *96(3)*, 437-442.

ESPANN P. (2006). Colloque « Parrainage, adoption tardive », Seine-Maritime.

FREUD S. (1909). *Névrose, psychose et perversion*, Paris, PUF, 1973.

FREUD S. (1969). *La Vie sexuelle*, Paris, PUF.

GOLSE B. (1996). « À propos des origines : violence, information et adoption », dans *Nervure*, *10(4)*, 16-9.

GOLSE B. (2009). « L'adoption face au retour en force du biologique en première matière de filiation », dans *Accueil*, *150*, 31-34.

GORE C. (2001). *Enfants délaissés, adoptions tardives*, Paris, ESF.

GORE C. (2007). *L'Adoption, adoptables, adoptés, quelles sont les réalités de l'adoption ?*, Paris, Armand Colin.

GOUBIER-BOULA M.-O. (2005). « Processus d'attachement et processus d'adoption », dans *Neuropsychiatrie de l'enfance et de l'adolescence*, *53*, 263-271.

GREEN A. (1983). *Narcissisme de vie, narcissisme de mort*, Paris, éd. Minuit.

GREEN A. (1990). *La Folie privée*, Paris, Folio essais.

GRODDECK G. (1963). *Le Livre du ça*, Paris, Gallimard.

GROSSMANN K.E. et GROSSMANN K. (1990). « The wider concept of attachment in cross-cultural research », dans *Human Development*, Basel, Karger, A.G., *33*, 31-47.

GUYOMARD D. (2006). « La folie maternelle : un paradoxe ? », dans J. ANDRÉ et S. DREYFUS-ASSEO, *La Folie maternelle ordinaire*, Paris, PUF, « Petite Bibliothèque de psychanalyse ».

GUYOTAT J. (1980). *Mort, naissance, et filiation / études de psychopathologie sur le lien de filiation*, Paris, Masson.

HALIFAX J. (2007). « L'adoption plénière en France : de l'établissement d'une filiation légale à la constitution d'une filiation sociale », thèse de doctorat.

HAMAD N. (2001). *L'Enfant adoptif et ses familles*, Paris, Denoël.

HAMAD N. (2005). « La fonction de la trace », dans *Enfances et Psy.*, 29, 203-207.

HAMAD N. (2008). *Adoption et parenté, questions actuelles*, Toulouse, Erès.

HARF A., TAÏEB O. et MORO M. (2006). « Adolescence et adoptions internationales : une nouvelle problématique ? », dans *Psychiatrie de l'enfant*, *XLIX*, 543-572.

HARF A., TAÏEB O. et MORO M. (2007). « Troubles du comportement externalisés à l'adolescence et adoptions internationales : revue de la littérature », dans *L'Encéphale*, *33*, 270-276.

HARF A., TAÏEB O. et MORO M.-R. (2008). « Le récit de l'adoption : un révélateur du trauma des parents adoptifs », dans *Neuropsychiatrie de l'enfance et de l'adolescence*, *56(4-5)*, 257-262.

HÉRITIER-AUGÉ F. (1989). « Parenté et filiation, aspects anthropologiques », dans *L'Information psychiatrique*, *5*, 457-473.

HJERN A., LINDBLAD F. et VINNERLJUNG B. (2002). « Suicide, psychiatric illness, and social maladjustment in intercountry adoptees in Sweden : A cohort study », dans *Lancet*, *360*(9331), 443-448.

HJERN A., VINNERLJUNG B. et LINDBLAD F. (2004). « Avoidable mortality among child welfare recipients and intercountry adoptees : A national cohort study », dans *J. Epidemiol. Community Health*, *58*(5), 412-417.

HOFSTRA M., VAN DER ENDE J. et VERHULST F. (2001). « Adolescent's self reported problems as predictors of psychopathology in adulthood : 10 year follow up study », dans *British J. Psychiatry*, *179*, 203-209.

HOLLANDER E.-P. (1960). « Compétence et conformité dans l'acceptation d'influence », dans C. FAUCHEUX et S. MOSCOVICI, *Psychologie sociale théorique et expérimentale*, Paris-La Haye, Mouton (éd., 1971), p. 333-342.

IDRISS I. (2004). « Le religieux en clinique », dans M.-R. MORO, Q. DE LA NOË et Y. MOUCHENIK, *Manuel de psychiatrie transculturelle*, Paris, La Pensée sauvage, p. 249-263.

IDRISS I. (2005). « La quête d'identité : les enfants de migrants entre les prisons de dedans et celles de dehors », dans *Le Journal des psychologues*, *22*, 46-49.

IJZENDOORN (VAN) M.H. (1990). « Developments in cross-cultural research on attachment : Some methodological notes », dans *Human Development*, *33*, 2-9.

IJZENDOORN (VAN) M., JUFFER F. et KLEIN POELHUIS C. (2005). « Adoption and cognitive development : A meta analytic comparison of adopted and nonadopted chidren's IQ and school performance », dans *Psychological Bull.*, *131*, 301-316.

JANIN C. (2005). « Au cœur de la théorie psychanalytique : le traumatisme », dans *Monographie de psychanalyse*, RFP « Le traumatisme », Paris, PUF.

JUFFER F. et VAN IJZENDOORN M. (2005). « Behavior problems and mental health referrals of international adoptees », dans *JAMA*, *293*, 2501-2515.

KAES R. (1985). « Filiation et affiliation (quelques aspects de la réélaboration du roman familial dans les familles adoptives, les groupes, et les institutions) », dans *Revue Gruppo*, *I*, 23-46.

KAËS R., MISSENARD A., KASPI R., ANZIEU D. *et al.* (1979). *Crise, rupture et dépassement*, Paris, Dunod.

KASTERSZTEIN J. (1990). « Les stratégies identitaires des acteurs sociaux : approche dynamique des finalités », dans C. CAMILLERI *et al.*, *Stratégies identitaires*, Paris, PUF, p. 27-42.

KESTEMBERG E. (1962). « L'identité et l'identification chez les adolescents », dans *Psychiat. Enf.*, *5*(2), 441-522.

KESTEMBERG E. (1980). « La crise de l'adolescence », dans *Revue française de psychanalyse*, *44*(3-4), 524-530.

KLEIN M. (1928). *Essais de psychanalyse*, Paris, Payot.

LACAN J. (1966). Écrits, Paris, Le Seuil.

LAFORTUNE D. et BEDWANI N.C. (1994). « Psychothérapies individuelles », dans *La Clinique d'inspiration psychanalytique des adolescents (II)*, Institut Albert-Prévot, Hôpital du Sacré-cœur de Montréal, p. 1-38.

LALLEMAND S. (1993). *La Circulation des enfants en société traditionnelle. Prêt, don, échange*, Paris, L'Harmattan.

LAMOTTE F., TOURBEZ G., FAURE K. et DUVERGER P. (2007). « Les achoppements de la construction identitaire dans les adoptions internationales », dans *Neuropsy. de l'enfance et de l'adolescence*, *55*, 381-388.

LANZ M., IAFRATE R., ROSNATI R. et SCABINI E. (1999). « Parent child communication and adolescent self esteem in separated, intercountry adoptive and intact non adoptive families », dans *J. Adolescence*, *22*, 785-794.

LEBLIC I. *et al.* (2004). *De l'adoption : des pratiques de filiation différentes*, Clermont-Ferrand, Presses universitaires Blaise Pascal.

LEDOUX M. et LEDOUX A. (1988). « Les enjeux de la séparation », dans *Cahiers du travailleur social – La Séparation*, vol. XVII, *65*, 3-8.

LÈGERON P. et PASCAL A. (1997). « Échelle d'affirmation de Rathus », trad. franç. J. Cottraux, 1979, dans J.D. GUELFI, *L'Évaluation clinique standardisée en psychiatrie*, éditions médicales Pierre Fabre, tome I, p. 403-408.

LEMAÎTRE J. (1907). *Jean-Jacques Rousseau*, Paris, Calmann-Lévy.

LEMERT E.M. (1951). *Social Pathology*, New York, McGraw-Hill.

LÉVI-STRAUSS C. (1963). *Anthropologie structurale*, Paris, Plon.

LÉVY-SOUSSAN P. et MARINOPOULOS S. (2007). *Abandon et adoption : enjeux psychiques de la filiation dans une perspective historique et clinique*, Paris, EMC (Elsevier Masson SAS), 37-210-A-40, p. 3-8.

LONDEN (VAN) M., JUFFER F. et VAN IJZENDOORN M. (2007). « Attachment, cognitive, and motor development in adopted children : Short-term outcomes after international adoption », dans *J. Pediatr. Psychol.*, *32*, 1249-1258.

MAILLET B. (2008). « Les crises à l'adolescence en situation d'adoption internationale », thèse pour le diplôme d'État de docteur en médecine, université de Nantes.

MARCELLI D. et BRACONNIER A. (1994). « Les modèles de compréhension », dans *Psychopathologie de l'adolescent*, Abrégés Masson, 3e édition, p. 3-36.

MAURY F. (1992). « Le point de vue psychologique face à l'adolescent adopté », dans *Accueil*, *4-5*, 21-26.

MAURY F. (1999). *L'Adoption interraciale*, Paris, L'Harmattan.

MAZET P. et STOLERU S. (1996). *Développement et interaction précoces*, Paris, Masson.

MÉRINI A.F. (2001). « Filiation et culture : aspects psychopathologiques », dans *Psychiatries*, *135*(36), 49-53.

MILGRAM S. (1956). « Pression de groupe et action contre un individu », dans C. FAUCHEUX et S. MOSCOVICI, *Psychologie sociale théorique et expérimentale*, Paris, Mouton, p. 301-312, 1971.

MONLÉON (DE) J.-V. (2003). *Naître là-bas, grandir ici. L'adoption internationale*, Paris, Belin.

MORO M.-R. (2002). *Enfants d'ici venus ailleurs, Naître et grandir en France*, Paris, Syros, La Découverte.

MORO M.-R. (2004). « Bases de la clinique transculturelle », dans M.-R. MORRO, Q. DE LA NOË et Y. MOUCHENIK, *Manuel de psychiatrie transculturelle*, Paris, La Pensée sauvage, p. 159-177.

MORO M.-R. et RÉVAH-LÉVY A. (1998). « Soi-même dans l'exil. Les figures de l'altérité dans un dispositif psychothérapeutique », dans R. KAËS, *Différence culturelle et souffrance de l'identité*, Paris, Dunod, p. 107-129.

MOUCHENIK Y. (2004). « Introduction au concept de culture en anthropologie », dans M.-R. MORRO, Q. DE LA NOË et Y. MOUCHENIK, *Manuel de psychiatrie transculturelle*, Paris, La Pensée sauvage, p. 49-63.

NATHAN T. (1991). « De la "fabrication" culturelle des enfants, Réflexions ethnopsychanalytiques sur la filiation et l'affiliation », dans *Nouvelle revue d'ethnopsychiatrie*, *17*, 13-22.

NOËL J. (2007). « Filiation et parentalité », dans *Enfance majuscule*, *20*, 6-34.

OBAMA B. (2008). *Les Rêves de mon père*, Paris, Presses de la Cité.

O'CONNOR T., RUTTER M., BECKETT C., KEAVENEY L. et KREPPNER J. (2000). « The effects of global severe privation on cognitive competence : Extension and longitudinal follow-up. English and Romanian adoptees study team », dans *Child Development*, *71*, 376-390.

OZOUX-TEFFAINE O. (1985). « Séparation insolite en adoption tardive », dans *Le Journal des psychologues*, *32*, 46-48.

OZOUX-TEFFAINE O. (1987). *Adoption tardive, d'une naissance à l'autre*, Paris, Stock-Pernoud.

OZOUX-TEFFAINE O. (1993). « The voice of the child perspectives », dans European Forum for Child Welfare, Implications for Adoption.

OZOUX-TEFFAINE O. (1995). « Le cheminement de l'enfant adopté », dans *L'Adoption*, Hachette, « Guide pratique ».

OZOUX-TEFFAINE O. (1998). « L'attachement au négatif dans une famille adoptive, un lien de filiation particulier », dans *Dialogue*, *L'adoption une nouvelle naissance ?*, 133.

OZOUX-TEFFAINE O. (1998). « Fonction de la mémoire en adoption, idéalisation, attaque, fuite et détresse dans une famille adoptive », dans *La Fête de famille*, Paris, In-Press.

OZOUX-TEFFAINE O. (1999). « Le déracinement d'un jeune réfugié », dans *Le Divan familial*, *2*, « Le déracinement ».

OZOUX-TEFFAINE O. (1999). « Des maisons en héritage », dans *Le Divan familial*, *3*, « La maison familiale ».

OZOUX-TEFFAINE O. (2001). « Enjeux de la séparation en adoption tardive », dans *Journal de pédiatrie et de puériculture*, vol. 14, 4.

OZOUX-TEFFAINE O. (2002). « Le choix du roi et la différence des sexes », dans *Le Divan familial*, *9*, « Rivalités et complicités entre les sexes ».

OZOUX-TEFFAINE O. (2004). *Enjeux de l'adoption tardive, nouveaux fondements pour la clinique*, Toulouse, Érès.

OZOUX-TEFFAINE O. (2006). « Adoption, le mal des origines », dans *Le Journal des psychologues*, *239*, 47-50.

PALACIOS J. et AMOROS P. (2006). « Recent changes in adoption and fostering in Spain », dans *British J. of Social Work*, *36*, 921-935.

PAPALIA D.E., OLDS S.W. et FOREST F. (1989). *Le Développement de la personne*, Paris, Vigot.

PEILLE F. (2005). *La Bientraitance de l'enfant en protection sociale*, Paris, Armand Colin.

PETIT A. (2007). « La dépigmentation volontaire, réalités, interprétations, résistances, l'autre », dans *Clinique, cultures et sociétés*, *1*, 95-108.

PEYRE H. (2003). Témoignage au congrès inter-régional « Enfance et familles d'adoption », Nîmes.

PEYRÉ J. (2002). *Le Guide Marabout de l'adoption*, Paris, Marabout.

PEYRÉ J. (2009). *Guide de l'adoption*, Paris, Marabout.

PIERRON J.-P. (2003). *On ne choisit pas ses parents*, Paris, Seuil.

RAINVILLE S. (2001). *L'Abandon d'enfant, dépister, accepter, accompagner*, Montréal, Presses de l'université de Montréal.

REBELO J.-A. et MOULIN Y. (2009). *Un enfant, une famille*, éditions De La Tour Gile.

REY A. sous la dir. (2005). *Dictionnaire culturel en langue française*, Paris, Le Robert.

RICŒUR P. (1990). *Soi-même comme un autre*, Paris, Seuil.

RICŒUR P. (1996). « Les paradoxes de l'identité », dans *L'Information psychiatrique*, *72*(3), 201-206.

ROBIN M., CASATI I. et CANDILIS-HUISMAN D. (1995). *La Construction des liens familiaux pendant la première enfance*, Paris, PUF, « Psychologie aujourd'hui », « Approches francophones ».

RUTTER M., ANDERSON-WOOD L., BECKETT C., BREDENKAMP D., CASTLE J., GROOTHUES C., KREPPNER J., KEAVENEY L., LORD C. et O'CONNOR T. (1999). « Quasi autistic patterns following severe early global privation », dans *J. Child. Psychol. Psychiat.*, *40*, 537-549.

RUTTER M., COLVERT E., KREPPNER J., BECKETT C., CASTLE J., GROOTHUES C. et SONUGA-BARKE E. (2007). « Early adolescent outcomes for institutionally deprived and non deprived adoptees. I : Disinhibitted attachment », dans *J. Child. Psychol. Psychiat.*, *48*, 17-30.

RUTTER M., KREPPNER J. et O'CONNOR T. (2001). « Specificity and heterogeneity in children's responses to profound institutional privation », dans *British J. Psychiatry*, *179*, 97-103.

RUTTER M. et O'CONNOR T. (2004). « Are there biological programming effects for psychological development ? Findings from a study of Romanian adoptees », dans *Developmental Psychology*, *40*, 81-94.

RYKKJE L. (2007). « Intercountry adoption and nursing care », dans *Scand. J. Caring Sci.*, *21*(4), 507-514.

SELLENET C. (2005). « Recherche sur les enfants adoptés en difficultés », recherche commandée au CREC par la Direction générale de l'Action sociale du ministère des Affaires sociales, du Travail et de la Solidarité.

SELLENET C. (2006). « Nouveaux regards sur l'adoption », dans *Le Journal des professionnels de l'enfance*, mars-avril, 25-30.

SELMAN P. (2002). « Intercountry adoption in the new millennium : The quiet migration revisited », dans *Population Research and Policy Review*, *21*, 205-225.

SELMAN P. (2006). « Trends in intercountry adoption : Analysis of data from 20 receiving countries, 1998-2004 », dans *J. Popul. Res.*, *23*, 183-204.

SHÉRIF M. (1947). « Influences du groupe sur la formation des normes et des attitudes », dans A. LÉVY, *Psychologie sociale*, textes fondamentaux, tome I, Paris, Dunod (trad. franç., 1965), p. 222-240.

SOULÉ M. (1984). *Le Nouveau Roman familial*, Paris, ESF, coll. « La Vie de l'enfant ».

SOULÉ M. et coll. (1986). *Le Secret sur les origines*, Paris, ESF, coll. « La Vie de l'enfant ».

SOULÉ M. (1995). « Le fantasme de recherche de ses géniteurs par l'enfant adopté ou le roman familial ? », dans *Neuropsychiatrie de l'enfance*, *43*(10-11), 465-469.

SOULE M. et NOËL J. (2004). « L'adoption », dans S. LEBOVICI, R. DIATKINE et M. SOULÉ, *Nouveau traité de psychiatrie de l'enfant et de l'adolescent*, IV, Paris, PUF, p. 2679-2699.

SOULE M. et LÉVY-SOUSSAN P. (2002). « Les fonctions parentales et leurs problèmes actuels dans les différentes filiations », dans *La Psychiatrie de l'enfant*, *45*(1), 77-102.

STECK B. (1987). « Aspects psychologiques de l'adoption », dans *Revue méd. suisse romane*, *107*, 1025-1035.

SULLI C. (2005). « Les différentes règles de l'adoption », dans *Les Cahiers de l'AFIREM*, *46*, 7-15.

SZEJER M. *et al.* (2000). *Le Bébé face à l'abandon, le bébé face à l'adoption*, Paris, Albin Michel.

TAP P. et VINAY A. (2000). « Dynamique des relations familiales et développement personnel à l'adolescence », dans J.-P. POURTOIS et H. DESMET (éds.), *Le Parent éducateur*, Paris, PUF, p. 87-157.

TIEMAN W., VAN DER ENDE J. et VERHULST F. (2005). « Psychiatric disorders in young adult intercountry adoptees : An epidemiological study », dans *Am. J. Psychiatry*, *162*, 592-598.

TIEMAN W., VAN DER ENDE J. et VERHULST F. (2006). « Social functionning of young adult intercountry adoptees compared to nonadoptees », dans *Soc. Psychiatry Psychiatr. Epidemiol.*, *41*, 68-74.

TRILLAT B. *et al.* (1988). *Abandon et adoption. Liens du sang, liens d'amour*, Paris, Autrement.

VALLAT J.-P. (2004). « L'intégration dans la cité romaine : un modèle pour aujourd'hui ? », dans M.-R. MORRO, Q. DE LA NOË et Y. MOUCHENIK, *Manuel de psychiatrie transculturelle*, Paris, La Pensée sauvage, p. 21-48.

VERHULST F., ALTHAUS M. et BIEMAN H.V.D. (1990*a*). « Problem behavior in international adoptees : I. An epidemiological study », dans *J. Am. Acad. Child. Adolesc. Psychiatry*, *29*, 94-103.

VERHULST F., ALTHAUS M. et VERLUIS-DEN BIEMAN H. (1990*b*). « Problem behavior in international adoptees : II. Age at placement », dans *J. Am. Acad. Child. Adolesc. Psychiatry*, *29*, 104-111.

VINAY A. (1996). « Âge d'abandon, âge d'adoption : quelle identité ? », mémoire de maîtrise de psychologie, Toulouse II.

VINAY A. (2003). « L'adolescent adopté : pour une nouvelle compréhension », dans *Neuropsychiatrie de l'enfance et de l'adolescence*, *51*, 269-276.

VINAY A. (2004*a*). « L'attachement et la gestion du stress chez les adolescents adoptés », dans *Bulletin de psychologie*, *57*, 401-411.

VINAY A. (2004*b*). « Repérer et développer la résilience : Maël, un adolescent adopté », dans *Revue québécoise de psychologie*, vol. 25, *1*, 171-185.

VINAY A. (2010). « Place et rôle du corps dans les familles adoptives », dans P. CUYNET et A. MARIAGE, *Corps en famille. Du corps individuel au corps familial*, Paris, In Press, p. 53-63.

WABER-THEVOZ H. et WABER J.-P. (2000). « Le lien d'adoption à l'épreuve du temps », dans *Neuropsychiatr. Enfance Adolesc.*, *48*, 179-187.

WINNICOTT D. (1951-1953). *Essais de psychanalyse*, Paris, Payot.

WINNICOTT D.W. (1969). *De la pédiatrie à la psychanalyse*, Paris, Payot.

YI M-K. (2006). « Passionnément autre », dans J. ANDRÉ et S. DREYFUS-ASSEO, *La Folie maternelle ordinaire*, Paris, PUF, « Petite Bibliothèque de psychanalyse ».

ZILLER R. (1964). « Individuation and socialization », dans *Human Relation*, *17*, 341-360.

INDEX DES NOTIONS

E

F

H

I

K

M

O

P

Q

R

INDEX DES AUTEURS

E-F-G

H-I-J

K-L-M

N-O-P

R-S-T

V-W-Y-Z

TABLE DES MATIÈRES

DEUXIÈME PARTIE – DU DÉSIR D'ENFANT...

55816 – (II) – OSB 90° – TYP – EMR
Dépôt légal : mai 2011
Suite du tirage : février 2017

Achevé d'imprimer par Dupli-Print
N° d'impression : 2016121939
www.dupli-print.fr

Imprimé en France